U1006225

学校及托幼机构

突发公共卫生事件
风险排查指南

朱建如　郑立国◎主编

長江出版傳媒　湖北科学技术出版社

图书在版编目(CIP)数据

学校及托幼机构突发公共卫生事件风险排查指南 /朱建如，郑立国主编.
—武汉：湖北科学技术出版社，2019.9
ISBN 978-7-5706-0701-3

Ⅰ.①学… Ⅱ.①朱… ②郑…Ⅲ.①学校－突发事件－风险管理－指南 ②学校－公共卫生－风险管理－指南 ③幼儿园－突发事件－风险管理－指南 ④幼儿园－公共卫生－风险管理－指南 Ⅳ.①G474-62

中国版本图书馆 CIP 数据核字(2019)第 107674 号

责任编辑：程玉珊　冯友仁　　封面设计：曾雅明

出版发行：湖北科学技术出版社　　电话：027－87679447
地　　址：武汉市雄楚大街 268 号　　邮编：430070
（湖北出版文化城 B 座 13－14 层）
网　　址：http://www.hbstp.com.cn

印　　刷：湖北图物印刷有限公司　　邮编：430074

880×1230　1/32　6.75 印张　170 千字
2019 年 9 月第 1 版　　2019 年 9 月第 1 次印刷
定价：30.00 元

本书如有印装质量问题 可找承印厂更换

《学校及托幼机构突发公共卫生事件风险排查指南》

编 委 会

主　　编　朱建如　郑立国

副 主 编　明　珠　辜伟伟

业务指导　张世俊　姜贵君

编　　者　朱建如　陈　婷　肖红霞　张金花
　　　　　郑立国　明　珠　徐敬明　辜伟伟
　　　　　徐　祎　杨奇盛　魏泽义

前　言

湖北省作为教育大省，学生众多。截至 2017 年末，全省在校学生人数约 1 000 万人。学校是一个特殊的场所，特别是学校及托幼机构，由于人口密集，相互之间接触密切，存在多种风险隐患，极易造成重大传染病疫情的发生，一旦出现此类突发公共卫生事件，将造成蔓延扩散并形成暴发。

相关数据显示，学校突发公共卫生事件占湖北省全部突发公共卫生事件总数的 80%左右，2006—2009 年湖北省学校突发公共卫生事件平均每年发生 114.75 次，数量较多，病情严重，学校和托幼机构突发公共卫生事件数量总体呈递增趋势，严重影响师生的身体健康和生命安全。

同时，学校和托幼机构卫生人力资源短缺，软硬件设施缺乏，公共卫生存在很大隐患，在突发公共卫生事件发生时，学校应对能力不够，学生与老师的安全和身体健康很难得到有力的保障。因此，学校和托幼机构卫生应急工作长期处于应付与被动状态。

为了从源头上根治或减少学校突发公共卫生事件频发这一严峻现象，湖北省卫生健康委员会联合湖北省教育厅从 2009 年开始，共同开展湖北省学校和托幼机构突发公共卫生事件风险隐患排查与整治行动，与此同时，积极探索、优化学校和托幼机构突发公共卫生事件风险隐患管理长效机制，湖北省卫生健康委员会与湖北省教育厅还在来凤县举办中小学和托幼机构突发公共卫生事件风险管理能力建设试点，通过多年的努力，湖北省基本上建立健全学校突发公共卫生事件风险管理组织体系、防控体系、运行机制和工作制度，有效地降低了学校突发公共卫生事件的数量，弱化了事件类型构成的严重程度，提升了学生对校园卫生环境的满意率，建立卫生专业机构与学校协调一致的突发公共卫生事件防控模式，产生了可观的经济效益和社会效益。

湖北省卫生健康委员会和湖北省教育厅为全面、准确、客观地总结湖北省学校和托幼机构突发公共卫生事件风险隐患排查整治行动实施的成效、取得的经验和面临的挑战，进一步推动湖北省学校和托幼机构的风险管理工作，组织相关专家编写了《学校及托幼机构突发公共卫生事件风险排查指南》一书。

本书在介绍风险管理、卫生应急管理、教育管理及公共卫生学等专业的基本理论知识基础上，重点对学校和托幼机构传染病风险隐患排查、饮用水风险隐患排查、环境卫生风险隐患排查、食品安全风险隐患排查、公共场所风险隐患排查和健康教育的内容和方法进行了全面规范的详细阐述。一方面注重科学性、先进性，以法律法规为依据；另一方面，注重实用性、可操作性，既可作为学校和托幼机构校长、教师和保健医师的培训教材，又适用于学校及托幼机构现场突发公共卫生事件风险隐患排查工作。因此，本书不失为一本指导学校和托幼机构各类人员有效开展突发公共卫生事件风险隐患排查的工作指南。

鉴于编写时间有限，书中难免有不尽人意或疏漏之处，恳请同道和读者，针对本书提出宝贵的建议，以便本书再版时能进一步完善，更好地指导学校和托幼机构开展突发事件公共卫生风险管理工作。

编　者

2019 年 4 月

目　录

第一章 概　　述

第一节　突发事件基本知识

人类社会总是在与各种灾难灾害不断斗争的历程中发展、进步和壮大的。中国是世界上自然灾害发生最频繁、损失最大的国家之一，“多难兴邦”，中华民族不断战胜各种灾害灾难，取得了举世瞩目的成就。在21世纪，受人口、文化、环境、科技、经济等诸多因素的影响，无论是自然灾害、事故灾难还是突发公共卫生事件，都日益呈现出频次高、规模大、影响广泛、损失严重等特点，我国突发事件的应对同全球其他国家一样面临着严峻的挑战。凡事预则立，在突发事件的应对上，只有做好充分的组织、技术和物资准备，才能做到有备无患、有备少患，才能在与突发事件的斗争中立于不败之地。

一、基本概念

（一）突发事件

突发事件是指突然发生，造成或者可能造成严重社会危害，需要采取应急处置措施予以应对的自然灾害、事故灾难、公共卫生事件和社会安全事件。

（二）突发事件的分类

根据突发事件的发生性质、过程和机理，我国把突发事件划分为四大类。

1. 自然灾害。主要包括水旱灾害、气象灾害、地质灾害、地震灾害、海洋灾害、生物灾害和森林草原火灾等，如印度洋海啸、“5·12”汶川大地震等。

2. 事故灾难。又称技术灾难，是人为所致，主要包括企业的各类安全事故、交通运输事故、公共设施和设备事故、环境污染和生态破坏事故。如苏联的切尔诺贝利核电站事故、我国的“7·23”甬温线特别重大铁路交通事故等。

3. 突发公共卫生事件。主要包括重大传染病疫情、群体性不明原因疾病、重大食物中毒和职业中毒、新发传染性疾病、群体性预防接种反应和群体性药物反应，由重大环境污染事故、核事故和放射事故，生物、化学、核辐射恐怖事件，自然灾害事件导致的人员伤亡和疾病流行，以及其他影响公众健康的事件。如2003年传染性非典型肺炎疫情、2008年“三聚氰胺奶粉”事件等。

4. 社会安全事件。主要包括严重危害社会治安秩序的突发事件。

上述各类突发事件往往是相互交织和关联的，某类突发事件可能和其他类别的事件同时发生，或引发次生、衍生事件，应当具体分析，统筹应对。

二、突发事件的特征

（一）突发性

突发事件往往是突如其来，一般不易预测，如果不及时应对，事态会迅速扩大和升级，造成更大的危害。

（二）公共性

公共性是区别突发事件和个体事件的本质区别。突发事件影响的范围广，会对公众的正常生活甚至社会基本价值和行为准则架构造成严重威胁，所影响或涉及的主体不是特定的个体，具有社会群体性，容易引起社会公众的共同关注，必须通过公权力介入、动用社会资源才能解决。应对突发事件是政府的权利和义务。

（三）危害性

严重危害是突发事件的本质特征，突发事件对社会秩序、生命财产、正常社会秩序或公共安全会造成或可能造成严重的威胁或巨大的破坏。

三、突发事件应对原则

（一）预防为主

一切突发事件的应对工作，都必须把预防和减少突发事件的发生放在首位，做到防患于未然。

（二）预防与应急相结合

在做好各项预防工作的同时，也必须做好各项应急准备，要时刻具有危机意识，一旦发生，须全力应对。

四、突发事件的分级

按照危害程度、影响范围、事件性质、控制难易程度和行业特点，将突发事件划分为特别重大（Ⅰ级）、重大（Ⅱ级）、较大（Ⅲ级）和一般（Ⅳ级）四级，便于分级负责、分级响应。突发事件的分级标准由国务院或国务院确定的部门制定。

第二节 突发公共卫生事件基本知识

一、基本概念

突发公共卫生事件是指突然发生，造成或可能造成社会公众健康严重损害的重大传染病疫情、群体性不明原因疾病、重大食物和职业中毒及其他影响公众健康的事件。

《国家突发公共卫生事件应急预案》规定，突发公共卫生事件同样分为特别重大（Ⅰ级）、重大（Ⅱ级）、较大（Ⅲ级）和一般（Ⅳ级）四级。

二、突发公共卫生事件的分类

按照事件的成因和性质，国务院《突发公共卫生事件应急条例》将突发公共卫生事件划分为重大传染病疫情、群体性不明原因疾病、重大食物和职业中毒以及其他严重影响公众健康的事件四大类。

（一）重大传染病疫情

是指在较短时间内某种传染病暴发，出现大量的患者或死亡病例，波及范围广，发病率大大超过既往水平。如2009年全球甲型H1N1流感疫情。

（二）群体性不明原因疾病

指一定时间内，在某个相对集中的区域内（如同一个医疗机构、自然村、社区、建筑工地、学校等集体单位）同时或者相继出现多例具有相同临床表现，经县级及以上医院组织专家会诊，不能诊断或解释病因，有重症病例或死亡病例发生的疾病。随着科技的发展和调查处置的深入，许多群体性不明原因疾病的病因逐步明确，比如2003年我国传染性非典型肺炎疫情，事发时无法明确病因，随着调查研究的深入，病原被确定为一种新型冠状病毒。

（三）重大食物中毒和职业危害

是指由于食品污染和职业危害造成的人数众多或伤亡较重的中毒事件。例如，20世纪80年代上海因食用被污染的毛蚶累及30余万人的甲型肝炎大暴发。

（四）其他严重影响公众健康的事件

包括群体性预防接种反应和群体性药物反应事件、核与辐射事件、生物恐怖事件等。例如，1995 年发生在日本东京地铁站的沙林毒气事件，导致 5 000 余人中毒，12 人死亡。

三、突发公共卫生事件的特征

突发公共卫生事件除有突发事件的共有特征外，还具有以下特征。

（一）国际性

随着经济、文化、物资交流日益频繁和快捷，地球成了一个村庄，带来了食源性疾病、传染病疫情的全球化传播，传播的途径也日益多元化，传播的速度不断加快，传播的距离快速扩展，突发公共卫生事件国际性的特征日益凸显。比如甲型 H1N1 流感，短短的几周时间就蔓延到世界各地。

（二）复杂性

突发公共卫生事件种类繁多、原因复杂，有的直接造成人身伤害，有的有潜在的威胁或间接危害，有的持续时间较长，有的因其他突发事件引发。容易引发连锁反应，一旦发生，后果高度不确定，影响波及范围迅速扩展到非事件发生地，极易由公共卫生问题引发社会问题，引起事态升级，突出表现为蔓延性和传导性。如传染性非典型肺炎疫情，于 2002 年 11 月出现在我国广东，2003 年 8 月 5 日就蔓延至 29 个国家，造成了严重的国际影响、社会影响和巨大的经济损失。

四、我国突发公共卫生事件的特点

近年来，全球突发公共卫生事件呈现频次高、规模大、影响广泛、损失严重等特点，成为全世界共同面临的挑战。我国同全球其他国家一样，各类突发公共卫生事件频发，但也有一些自身特点。

(一)传染病类事件占突发公共卫生事件大多数，新发传染病的危害不容忽视

随着社会经济的发展，人员往来和贸易愈加频繁，也使得传染病的传播速度和危害范围显著扩大，2012 年 1—6 月，卫生部共收到全国(未含港澳台)通过突发公共卫生事件报告管理信息系统报告的突发公共卫生事件 657 起，报告病例 25 351 例，死亡 111 人。报告突发公共卫生事件的事件数、病例数和死亡数较 2011 年 1—6 月均有所上升，以传染病事件为主。我国各种新发传染病危害十分严重，如 2003 年的传染病性非典型肺炎、2005 年的人感染高致病性禽流感、2009 年的甲型 H1N1 流感、2016 年的 H7N9 禽流感等。资料显示，全球自 20 世纪 70 年代以来出现的大多数新发传染病都已经在我国发现，今后，我国发现和输入新发传染病的可能性进一步增大。

(二)自然灾害频发引起的公共卫生问题

我国是世界上受自然灾害影响最为严重的国家之一，灾害过后还会带来严重的包括社会心理因素在内的诸多公共卫生问题，从而引发多种疾病，特别是传染性疾病的发生和流行。我国幅员辽阔，人口众多，地理环境复杂，自然灾害的种类多、发生频次高、造成危害大。常见的洪涝、干旱、地震、台风、山体滑坡和泥石流等自然灾害，在我国几乎每年都有不同程度的发生。

(三)与经济社会发展相关的突发公共卫生事件增多

近年来，我国经济快速发展，由于安全生产工作基础薄弱，事故隐患大量存在，事故高发的态势在短期内难以得到根本性转变；核电设施的建设及放射源的广泛应用，带来了新的安全风险隐患；重大食品安全、药品安全、职业中毒事故时有发生。

(四)恐怖主义等极端势力威胁现实存在

目前，我国正处于改革与发展的关键时期和经济社会转型期，

各种社会矛盾交错，导致影响公共安全的因素增多，恐怖主义、分裂势力、极端势力和敌对势力制造社会安全事件的可能性客观存在。

（五）学校突发公共卫生事件占相当比重

学校是人群高度集中场所，学生尤其是中小学生和学龄前儿童正处于生长发育阶段，身体抵抗力弱，容易发生各种传染病和食物中毒事件。据近年统计，我国70%以上的突发公共卫生事件发生在学校，做好学校的突发公共卫生事件预防和处置，是应对突发公共卫生事件的重要内容。

五、突发公共卫生事件的应对原则

（一）预防为主，常备不懈

提高全社会对突发公共卫生事件的防范意识，落实各项防范措施，做好人员、技术、物资和设备的应急储备工作。对各类可能引发突发公共卫生事件的情况要及时进行分析、预警，做到早发现、早报告、早处理。

（二）统一领导，分级负责

根据突发公共卫生事件的范围、性质和危害程度，对突发公共卫生事件实行分级管理。各级人民政府负责突发公共卫生事件应急处理的统一领导和指挥，各有关部门按照应急预案规定，在各自的职责范围内做好突发公共卫生事件应急处理的有关工作。

（三）依法规范，措施果断

地方各级人民政府和卫生行政部门要按照相关法律、法规和规章的规定，完善突发公共卫生事件应急体系，建立健全系统、规范的突发公共卫生事件应急处理工作制度，对突发公共卫生事件和可能发生的公共卫生事件做出快速反应，及时、有效开展监测、报告和处理工作。

（四）依靠科学，加强合作

突发公共卫生事件应急工作专业性强，要充分尊重和依靠科学，要重视开展防范和处理突发公共卫生事件的科研和培训，为突发公共卫生事件应急处理提供科技保障。各有关部门和单位要通力合作、资源共享，有效应对突发公共卫生事件。广泛组织、动员社会公众参与突发公共卫生事件的应急处理中。

六、学校和托幼机构突发公共卫生事件的应对策略

（一）预防为主

在学校和托幼机构（本书以下均简称“学校”）广泛宣传普及突发公共卫生事件防治知识，提高全体师生员工的防护意识和校园公共卫生管理及应急水平，加强突发公共卫生事件风险监测，落实突发公共卫生事件预防措施，争取早发现、早报告风险源并及时进行整治。

（二）统一领导

各级教育行政部门和各级各类学校，在当地政府的统一领导下，成立学校突发公共卫生事件防控领导机构，严格执行国家有关法律法规，负责突发公共卫生事件的预防和准备、信息报告、控制和救治工作，实行依法管理，组织、指挥、协调与落实辖区内学校突发公共卫生事件的防控工作。应急处置工作实行条块结合、以块为主、属地管理的原则。各级教育行政部门和学校要在当地党委和政府的统一领导下，开展应急处置工作。

（三）快速反应

各级教育行政部门要形成应对突发公共卫生事件的快速反应机制。一旦发生突发事件，确保发现、报告、指挥、处置等环节的紧密衔接，做到快速反应、正确应对、处置果断，力争把问题解决在萌芽状态。

（四）及时控制

发现异常苗头，及时采取有效的预防与控制措施，控制事件的扩散。做到及早发现、及早控制、及早解决，将事件控制在萌芽状态或事件的初期。一旦出现突发公共卫生事件，学校要全面、彻底落实防控措施。

第三节　学校突发公共卫生事件风险隐患排查与整治

一、风险隐患排查与整治的作用和意义

学校中各种公共卫生风险隐患均不同程度地存在，极易导致师生人身伤害和健康安全隐患，必须对公共卫生风险进行管理，做到防患于未然，以适度投入实现最大的安全保障。在学校开展公共卫生风险管理，对保障师生身心健康、维护校园安全、维护社会稳定都有非常显著的作用，具有十分重要的意义。

（一）有利于保障师生身心健康和生命安全

各类突发事件公共卫生风险最终都会影响到人身健康和安全，如不能及时有效地控制风险，一旦风险导致事件，不仅影响学校的正常教学秩序，损害师生的健康，严重的还会导致伤亡。有效的公共卫生风险管理，可使学校充分了解所面临的各种公共卫生风险及其性质和严重程度，采取措施避免或减少风险导致损失，同时做好应急准备，在风险无法避免的情况下，引发事件后能及时控制事态发展，减少人身伤害和对健康的危害。

（二）有利于保持良好的教学环境

公共卫生风险一旦演化为事件，就会对师生正常的校园生活、学习秩序造成冲击，如在控制传染病暴发疫情时要采取部分班级或

全校停课等措施；在学校食堂食物中毒原因未查明之前，要停止供餐、停止饮用水的供应等，会不同程度地影响到学校正常的教学秩序。通过公共卫生风险管理，有助于增加学校在公共卫生管理决策上的正确性，标本兼治，有利于学校造就一个安全稳定的教学环境，有利于师生们全身心地投入到教学、学习当中去，同时也避免造成学校不必要的损失。

（三）有利于维护社会和谐稳定

学生是国家的未来，学生又是家庭的轴心，学生的人身安全和健康是“天大”的事，校园安全是社会安全的重要组成部分，校园突发事件是社会的热点和焦点，采取有效的公共卫生风险管理手段，可以有效降低各类突发事件对学生的身心伤害，为社会和经济发展营造良好的氛围。

二、风险隐患排查与整治内容和步骤

（一）科学制订学校和托幼机构突发公共卫生事件风险隐患风险排查与整治实施方案

2009 年，针对湖北省学校和托幼机构公共卫生风险现状，结合学校和托幼机构的实际情况，湖北省卫生健康委员会联合湖北省教育厅聘请相关专家，采取风险列举法，将学校可能存在的各种公共卫生风险一一枚举，起草了《湖北省学校和托幼机构突发公共卫生事件风险隐患排查表》（表 1-1），便于基层操作；针对传染病疫情占湖北省学校突发公共卫生事件绝大多数的情况，草拟了《湖北省学校传染病早期预警管理方案》，召集全省知名的应急管理、公共卫生管理、教育管理等领域的专家学者和相关领导及基层工作人员，先后 3 次对方案进行评审和修订，确保了方案的科学性、准确性。为保证工作落到实处，湖北省卫生健康委员会、湖北省教育厅在联合发出的《关于开展学校和托幼机构突发公共卫生事件风险隐患专项整治行动的通知》(鄂卫函[2009]209号)中要求各市、州卫生局定期向湖北省卫生健康委员会和湖北省教育厅填报《湖北省市、州学校和托幼机构突发公共卫生事件风险隐患集中整治工作情况进度表》。

表 1-1　湖北省学校和托幼机构突发公共卫生事件风险隐患排查表

排查项目	排查指标	排查结果	主要问题和隐患	整改建议(时限、要求)
组织管理	学校卫生工作校长(园长)负责制①			
	设有学校突发公共卫生事件应急管理组织,并有人负责			
	城市普通中小学、农村中心小学和普通中学设卫生室			
	按600∶1比例配有专(兼)职卫生技术人员,或配有专(兼)职保健教师			
制度管理	有学校突发公共卫生事件应急预案			
	有传染病疫情、食物中毒等突发卫生事件登记报告制度①			
	有学生健康检查及健康档案管理制度			
	有学生晨检制度(晨检工作规范)			

续表

排查项目	排查指标	排查结果	主要问题和隐患	整改建议（时限、要求）
	有因病缺课登记制度、表格			
	有新生入学预防接种证查验制度			
	有饮用水卫生管理制度			
	有食品卫生管理制度			
	有公共场所管理制度			
	有教学卫生管理制度			
	有宿舍卫生管理制度			
	有健康教育管理制度			
	有垃圾管理制度			
	有厕所卫生管理制度			
公共场所卫生管理	学校图书馆、洗浴场所、理发场所、娱乐场所、体育馆等符合《公共场所卫生管理条例》及相关卫生标准			
传染病防控	传染病疫情登记和报告符合要求，并有责任人①			
	有新生体检记录，学生健康档案建立及管理符合要求			
	健康体检承检单位符合要求			
	有学生因病休退学登记记录			
	有学生因病缺勤登记记录①			
	有学生晨检登记记录②			
	有接受培训的专（兼）职人员负责查验新生入学预防接种证，且查验记录齐全，对未完成全程免疫的学生通知及时进行补种①			

续表

排查项目	排查指标	排查结果	主要问题和隐患	整改建议（时限、要求）
饮用水卫生管理	饮用水卫生管理有专（兼）职责任人（须持有健康证）负责			
	学校水源保护与管理规范，且地下水/自流泉水取水点周围 30 m 内，不得有渗水厕所、渗水坑、粪坑、垃圾堆和废渣堆等污染源；地面水取水点周围 100 m 范围内，不得有堆放废渣、垃圾、粪便及其他有毒有害物质，不得有生活污水和工业废水排入② 二次供水、自备水必须获得卫生许可，卫生管理和供水过程符合卫生要求（查定期清洗记录和检测报告）			
	提供符合卫生要求饮用水，饮水供水器皿定期清洗、消毒（有清洗、消毒记录）① 学校每 80～100 人配备一个水龙头			
食品卫生	食品卫生管理有专（兼）职人员负责			
	学校食堂、副食店持证（卫生许可证、健康证和培训证）经营①			

续表

排查项目	排查指标	排查结果	主要问题和隐患	整改建议（时限、要求）
食品卫生	校内不得有社会饮食店，食堂不得承包经营[①]			
	学校食堂、副食店布局合理，卫生设施齐全			
	学校食堂加工经营过程和餐饮具清洗消毒符合卫生要求[①]			
	学校食堂、副食店所经营食品符合卫生标准			
	学生集体用餐符合卫生要求			
	不购置、使用劣质或腐败变质的食品原料、实行索证索票、原材料建台账，储存规范（无专库、房屋潮湿或无储存容器或无防鼠、防虫、防蝇设施视为不规范）[②]			
教室卫生	教室人均占有面积：小学不低于 1.36 平方米/人，中学不低于 1.39 平方米/人			
	教室通风、采光良好，定期消毒，采用湿式清扫			
	托幼机构教室、活动室、寝室实行紫外线消毒			

续表

排查项目	排查指标	排查结果	主要问题和隐患	整改建议（时限、要求）
厕所卫生	厕所设置符合卫生要求，厕所定期湿式清扫、灭蝇蛆，粪池加盖，不渗漏，有粪便无害化处理措施			
	室内、室外厕所有符合卫生要求的洗手设施			
宿舍卫生	宿舍卫生有责任人管理			
	宿舍人均占有面积不少于3平方米/人，实行一人一床			
	宿舍保持清洁、通风良好②			
	卧具定期清洗，个人用品整洁			
	学生公寓设置盥洗室、卫生间和洗浴场所，正常使用			
	防四害（鼠、蟑螂、蚊、蝇）设施齐全			
健康教育	开设健康教育课，开展应急知识教育（纳入教学计划，有课程安排和讲义）①			
危险化学品管理	建有危险化学品、药品专库，分类存放，专账、专人管理			
	建立危险化学品使用登记、实行无害化处理并建立处理记录			

续表

排查项目	排查指标	排查结果	主要问题和隐患	整改建议（时限、要求）
环境因素	学生取暖安全：使用炭火、煤火取暖应有专用炉具，密封性好且建有排烟管道，室内通风①			

风险隐患级别判定标准：指标①2个不合格，或者其他排查指标40%不合格，判定为重大风险隐患单位；指标①1个不合格，或者其他排查指标20%不合格，判定为较大风险隐患单位；指标②1个不合格，或指标①3个以上不合格，或排查指标中50%以上不合格，判定为特大风险隐患单位。

排查隐患单位主要风险隐患及级别判定结果：

风险隐患整改措施：

排查人员（签字）：　　　　　　　　排查负责人（签字）：

排查时间：

（二）层层培训，大力开展宣传动员营造氛围

为保证各地顺利开展学校和托幼机构突发公共卫生事件风险隐患专项整治行动，湖北省卫生健康委员会联合湖北省教育厅对湖北省各市、州卫生局、教育局从事学校和托幼机构突发公共卫生事件风险隐患排查的卫生应急专业人员和管理人员进行培训，统一方案和行动计划，制订了严格的质量控制指标。各市、州卫生局和教育局随后对所辖县、市卫生局、教育局的相关人员进行了培训和考核。各县、市教育局组织对所辖学校的主管校长、保健医师进行了业务培训和考核。

各市（州）、县（市）教育、卫生行政部门大力开展卫生应急、食品卫生、饮用水卫生、公共场所卫生和传染病防治法律、法规、规章、规范的宣传；结合本地实际情况制订风险隐患专项整治具体工作方案，并明确工作进度。

各类学校和托幼机构通过校园广播、健康教育专栏、专题讲座、

模拟演练、健康教育课等多种形式广泛宣传各种突发事件应对知识，重点宣传了地震避险、火灾防范和紧急疏散、防踩踏、饮用水安全、食品安全和传染病防治等知识，提高了师生校园公共卫生安全知识知晓率，促进学生养成良好的卫生习惯，增强了学生的自我保护意识和学校校园公共卫生安全的责任意识，也为学校公共卫生风险管理工作的顺利进行打下了良好的基础。

（三）学校自查整改

湖北省 15 000 余所各类学校和托幼机构按照湖北省教育厅和当地教育局的要求，成立了领导机构与排查小组，按照《突发公共卫生事件风险隐患排查表》的内容，对校内组织管理、制度管理、食品卫生、饮用水卫生、教学卫生、厕所卫生、教室卫生、宿舍卫生、危险品管理、健康教育、环境因素和传染病防控等进行全面自查自纠，找出问题、分析原因、积极整改，并将整改前后的风险隐患类型、级别和数量上报当地卫生和教育行政部门。

（四）卫生行政部门和教育行政部门联合督查

鉴于学校公共卫生管理能力较弱的情况，县（市）卫生局和教育局联合抽调相关领域专家，在学校和托幼机构自查自纠的基础上，围绕学校食品卫生、饮用水卫生、校舍卫生和传染病防治管理等重点展开检查，对存在的公共卫生风险隐患进行全面的评估，确定风险等级，提出针对性的整改措施，学校落实整改。县（市）卫生局和教育局对风险实行动态监测，教育部门督促学校落实风险整治措施，卫生部门提供技术指导，整个流程实现链式管理。县（市）教育局还对学校和托幼机构存在的重特大风险实行挂牌、销号制，有效降低了学校突发公共卫生事件的风险。

（五）强化措施，建立长效机制

为确保风险隐患排查与整治工作取得成效，湖北省卫生厅将各地卫生局开展学校和托幼机构突发公共卫生风险隐患排查工作纳入卫生应急年度目标责任制考核内容，联合湖北省教育厅定期或不定期对湖北省各地学校和托幼机构突发公共卫生风险隐患排查工作开展情况进行督导，对风险隐患排查工作突出的市（州）、县（市）卫生局、教育局予以表彰，对各地在风险隐患排查工作中取得的经验予以推广，对存在的问题予以通报，有力地促进了各地学校和托幼机构突发公共卫生风险隐患排查工作的顺利开展。

各地卫生局、教育局采取督导与指导相结合的方法，整体推进整治进度，最大限度消除各种隐患，降低学校突发公共卫生事件发生概率。武汉市在专项整治行动中对发现的风险隐患，及时向学校下达了限期整改意见书，并提出了整改措施。对学校整改情况进行跟踪检查，坚持做到不整改不放过，整改不到位不放过，坚决杜绝因职责不落实出现工作漏洞、因措施不落实造成学校突发公共卫生事件发生，全市建立了学校突发公共卫生事件风险隐患的监测预警机制和部门协调监管制度，风险隐患排查与整治逐渐步入常态化的轨道。

各地卫生局、教育局按照边排查、边整改、边总结、边规范的工作思路，探索建立学校和托幼机构突发公共卫生事件风险管理的长效机制。十堰市卫生局、十堰市教育局认真总结几年来排查与整治的经验，经双方协商，决定将学校和托幼机构突发公共卫生事件风险排查与整治工作作为今后一项常规工作，健全组织管理制度，明确责任机制，纳入双方职能工作责任管理范围，努力使风险隐患排查工作进入常态化管理。

第二章　学校及托幼机构组织制度风险隐患排查与整治

学生和幼童正处于身体和心智发育成长阶段，对外界环境依赖性较强，因此，必须依据国家法律、法规和政府主管部门规范性文件，建立学校及托幼机构突发事件公共卫生风险管理组织机构体系和制度体系，有效预防、及时控制和消除学校突发公共卫生事件，保障师生身体健康与生命安全。

第一节　校长(园长)负责制

为保证学校及托幼机构突发事件公共卫生风险管理工作实施，根据《中华人民共和国义务教育法》《中小学托幼机构安全管理办法》《托儿所幼儿园卫生保健管理办法》等法律、法规，制订本负责制。

一、建立应急管理领导小组

建立校长(园长)为第一责任人的学校及托幼机构突发公共卫生事件应急管理领导小组，全面负责学校及托幼机构公共卫生安全工作。

二、校长(园长)对下列事项负首要责任

1. 制订年度学校及托幼机构公共卫生管理工作计划。根据所在地区当前公共卫生安全工作的重点，结合学校及托幼机构实际情

况，制订年度学校及托幼机构公共卫生管理工作计划，明确工作重点，制订工作措施，全面计划安排学校及托幼机构突发事件公共卫生风险管理工作。

2. 建立健全责任追究制度与奖励机制。校长（园长）与各部门和责任人签订突发事件公共卫生风险管理责任状，将工作责任分解落实到职能部门的具体责任人。

3. 制订突发公共卫生事件应急预案。按照《突发公共卫生事件应急条例》的要求，结合本地区的学校及托幼机构实际，研究制订本单位突发公共卫生事件应急预案。

4. 组织实施卫生和健康教育。把卫生教育和健康教育纳入本单位教学计划，安排一定的课时进行必要的卫生和健康教育。

5. 突发公共卫生事件风险管理制度建设。建立健全学校及托幼机构各项突发公共卫生事件风险管理制度，建立学生（幼童）健康档案，及时发现传染病患者并采取相应的隔离防范措施，切断传染病在学校的传播途径。

6. 学校及托幼机构重点部位卫生和安全的制度化、规范化管理。重点加强对学生宿舍（幼童生活用房）和学校及托幼机构食堂等重点部位卫生和安全的制度化、规范化管理。食堂必须领取卫生部门核发的卫生许可证，食堂从业人员必须持健康证上岗。

7. 学校及托幼机构基本设施建设符合国家卫生标准。学校食堂、学生宿舍、厕所及托幼机构生活、服务用房的使用功能、格局分区、内部设施配备必须达到国家卫生标准。新建、改建、扩建校舍其选址、设计应当符合国家的卫生标准并取得当地卫生行政部门的许可。竣工验收应当有当地卫生行政部门参加。

8. 学校及托幼机构建立和配备符合国家法律、法规标准的卫生保健机构和人员。按照国家相关法律、法规，配备卫生室或保健室设施和药品。

9. 公共卫生风险管理督查。定期组织开展突发公共卫生事件风险管理专项检查，每学期不少于一次。建立督查台「：，发现问题及时整改，将风险因素消灭在萌芽状态。

10. 突发公共卫生事件信息报告。出现突发公共卫生事件风险预警信息，或者发生突发公共卫生事件后，应当在 2 小时内，报告当地教育行政部门和卫生部门。

第二节 学校及托幼机构突发公共卫生事件应急管理组织

学校及托幼机构的师生处于人群工作、学习和生活高度密集的环境中，一旦出现突发公共卫生事件往往在短时间内病例迅速增加，并产生较大社会影响，必须按照《学校卫生工作条例》和《中小学托幼机构安全管理办法》规定，建立健全突发公共卫生事件应急管理组织，将突发公共卫生风险管理意识落实到卫生应急工作各个环节，做到应急准备周到充分、应急处置迅速有力，使突发公共卫生事件发生的风险及事件发生后的危险降到最低程度。

一、应急处置工作领导小组

组长：校长。

副组长：分管安全、后勤及教学副校长、校医务室负责人。

成员：总务处主任、教育处主任、校务办公室主任或各班班主任。

领导小组的主要职责：

1. 部署学校突发公共卫生事件风险预警及应急处置准备工作。

(1)健全学校应急处置组织机构。

(2)审批各项卫生应急管理制度、年度卫生应急工作计划及风险预警信息报告等。

(3)对下设的应急管理工作组和学校各职能部门的各项应急准备工作进行督查。

(4)人员、技术、设备设施和应急处置经费、物资保障等事项的决策。

2. 应急处置现场指挥工作。

(1)决定启动学校突发公共卫生事件应急响应。

(2)组织、协调应急处置工作组及学校各相关部门现场应急处置工作。

(3)现场应急处置事项的决策。

(4)突发公共卫生事件信息和应急处置工作报告的审批。

(5)配合教育局、食品药品监督管理局和疾病预防控制机构现场调查处理工作。

二、信息联系员

联系员:医务室(保健室)负责人或专(兼)职卫生保健人员。

联系员职责:

1. 向学校及托幼机构分管领导报告突发公共卫生风险预警信息。

2. 负责学校及托幼机构内部各部门之间公共卫生信息沟通。

3. 按照领导小组指示,向教育局、食品药品监督管理局和疾病预防控制机构报告突发公共卫生事件信息。

4. 各类突发公共卫生信息报表统计汇总、报告和资料管理。

三、风险隐患排查与整治工作组

组长:常务副校长。

副组长:医务室(保健室)负责人或专(兼)职卫生保健人员。

成员:食堂管理员和各班班主任。

职责:

1. 负责学校及托幼机构突发公共卫生风险管理日常工作。

2. 撰写学校及托幼机构卫生应急年度工作计划。

3. 撰写和修订各种公共卫生风险管理制度。

4. 制订突发公共卫生应急预案。

5. 建立和管理学生健康档案。

6. 督查学校及托幼机构各部门风险管理措施落实情况，起草并报告各学期公共卫生风险预警专题报告。

7. 健康教育及宣传工作等。

四、应急处置工作组

组长：校长。

副组长：常务副校长、医务室（保健室）负责人。

成员：专（兼）职卫生保健人员、食堂负责人和事件相关的各班班主任。

应急处置工作组职责：

1. 发现突发公共卫生预警信息或征兆时，采取相应预防性措施。

2. 按照领导小组命令，启动应急响应、实施应急预案。

3. 协助教育局、食品药品监督管理局和疾病预防控制机构对学校突发公共卫生事件应急处置工作指导及调查，信息沟通等工作。

4. 在疾病预防控制机构的指导下，做好现场应急处置工作人员的个人防护。

第三节　学校及托幼机构卫生室、保健室、隔离室及卫生保健人员的设立

依据《学校卫生工作条例》《国家学校体育卫生条件试行基本标

准》《托儿所幼儿园卫生保健管理办法》《托儿所幼儿园卫生保健工作规范》规定，学校及托幼机构应当根据本单位规模、学生或儿童数量，设立保健科（室）或卫生室。托幼机构内发现疑似传染病时应当设立临时性隔离室。

学校和托幼机构应按照学生或儿童比例配备专职或兼职卫生技术人员、专职或兼职保健教师。

卫生室是指取得《医疗机构执业许可证》的学校卫生机构，承担学校预防保健、健康教育、常见病和传染病预防与控制、学校卫生日常检查并为师生提供必要的医疗服务。

保健室是指未取得《医疗机构执业许可证》的学校卫生机构，在卫生专业人员指导下开展学校预防保健、健康教育、常见病和传染病预防与控制、学校卫生日常检查。

寄宿制学校必须设立卫生室，非寄宿制学校可视学校规模设立卫生室或保健室。

隔离室是指托幼机构内发现疑似传染病例时，设立的临时隔离室，是托幼机构发生传染病突发疫情时采取的控制措施之一。

一、学校卫生室及卫生保健人员的设立

（一）机构、人员设置

1. 城市普通中小学、农村中心小学和普通中学设卫生室，按学生人数 600∶1 的比例配备专职卫生技术人员。

2. 中等专业学校、技工学校、农业中学、职业中学，可以根据需要，配备专职卫生技术人员。

3. 学生人数不足 600 人的学校，可以配备专职或者兼职保健教师，开展学校卫生工作。

（二）卫生人员基本要求

卫生专业技术人员应持有卫生专业执业资格证书，保健教师由

现任具有教师资格的教师担任。卫生专业技术人员和保健教师应接受学校卫生专业知识和急救技能培训，并取得相应的合格证书。

（三）卫生室设施与设备基本要求

1. 卫生室建筑面积应大于 40 m^2，并有适应学校卫生工作需要的功能分区。

2. 卫生室应具备以下基本设备：视力表灯箱、杠杆式体重秤、身高坐高计、课桌椅测量尺、血压计、听诊器、体温计、急救箱、压舌板、诊察床、诊察桌、诊察凳、注射器、敷料缸、方盘、镊子、止血带、药品柜、污物桶、紫外线灯、高压灭菌锅等。

（四）保健室室设施与设备基本要求

1. 保健室建筑面积应大于 15 m^2，并有适应学校卫生工作需要的功能分区。

2. 保健室应具备以下基本设备：视力表灯箱、杠杆式体重秤、身高坐高计、课桌椅测量尺、血压计、听诊器、体温计、急救箱、压舌板、观察床、诊察桌、诊察凳、止血带、污物桶等。

二、托幼机构卫生室、保健室、隔离室及保健医生的设立

（一）机构、人员设置

1. 托幼机构应当根据规模、接收儿童数量等设立相应的卫生室或保健室，具体负责卫生保健工作。

2. 托幼机构内发现疑似传染病例时，应当及时设立临时隔离室，对患儿采取有效的隔离控制措施。

3. 托幼机构聘用卫生保健人员应当按照收托 150 名儿童至少设 1 名专职卫生保健人员的比例配备卫生保健人员。收托 150 名以下儿童的，应当配备专职或者兼职卫生保健人员。

（二）卫生室及卫生人员基本要求

1. 卫生室应当符合医疗机构基本标准，取得卫生行政部门颁发的《医疗机构执业许可证》。

2. 卫生室建筑面积应大于 40 m^2，并有适应托幼机构卫生工作需要的功能分区。

3. 卫生室应具备以下基本设备：视力表灯箱、杠杆式体重秤、身高坐高计、课桌椅测量尺、血压计、听诊器、体温计、急救箱、压舌板、诊察床、诊察桌、诊察凳、注射器、敷料缸、方盘、镊子、止血带、药品柜、污物桶、紫外线灯、高压灭菌锅等。

4. 在卫生室工作的医师应当取得卫生行政部门颁发的《医师执业证书》，护士应当取得《护士执业证书》。

5. 托幼机构卫生保健人员应接受卫生专业知识和急救技能培训，并取得相应的合格证书。

（三）保健室及保健员基本要求

1. 保健室基本要求：

（1）保健室不得开展诊疗活动。

（2）保健室房屋面积应大于 12 m^2，有观察床、桌椅、药品柜、资料柜、流动水或代用流动水等设施。

（3）保健室应具备如下体检设备：儿童杠杆式体重秤、身高计（供 2 岁以上儿童使用）、病床（供 2 岁及以下儿童使用）、国际标准视力表或标准对数视力表灯箱、体围测量软尺等设备，以及消毒压舌板、体温计、手电筒等晨检用品。

（4）保健室应具备如下常用消毒用品：消毒剂、紫外线消毒灯或其他空气消毒装置。

（5）保健室可配备由卫生和食品药品监督管理部门审定的非处方药。

2. 保健员基本要求：

(1)应当具有高中以上学历，经过卫生保健专业知识培训，具有托幼机构卫生保健基础知识，掌握卫生消毒、传染病管理和营养膳食管理等技能。

(2)保健员应接受卫生专业知识和急救技能培训，并取得相应的合格证书。

(四)隔离室基本要求

临时隔离室内环境，物品应当便于实施随时性消毒与终末消毒，控制传染病在园(所)内暴发和续发。

第四节　学校及托幼机构突发公共卫生事件应急预案

为有效预防、及时控制和妥善处理学校及托幼机构突发公共卫生事件，提高快速反应和应急处置能力，将各类突发公共卫生事件对师生员工造成的危害降低到最低程度，确保师生员工的健康与生命，保证正常的教育教学和生活秩序，维护学校、托幼机构和社会稳定，根据《国家突发公共事件应急预案》《教育系统公共卫生类突发事件应急预案》，结合本校实际，制订本预案。

一、工作原则

学校及托幼机构突发公共卫生事件应急工作遵行“统一领导，快速反应；预防为主，及时控制；系统联动，群防群控；以人为本，生命至上”的原则。

二、组织管理

按照本章第二节“学校及托幼机构突发公共卫生事件应急管理组织”所列内容，分别建立学校及托幼机构突发公共卫生事件应急处置工作领导小组、风险预警管理工作组、应急处置工作组，设立风险信息联系员，并按照各自职责开展工作。

三、信息报送与信息发布

建立畅通的信息传输渠道和严格的信息上报机制，完善快速应急信息系统。

（一）信息报送原则

1. 迅速：学校及托幼机构应在第一时间（2 小时内）向当地教育行政部门和卫生部门报告，不得迟报。

2. 准确：信息内容要客观翔实，不得主观臆断，不得漏报、瞒报、谎报。

3. 事件情况发生变化后，应及时续报。

4. 学校及托幼机构为突发公共卫生事件的责任报告单位，突发公共卫生事件风险信息联系员为责任报告人。

（二）突发公共卫生事件报告时限及程序

1. 初次报告：学校及托幼机构发生突发公共卫生事件后，应在第一时间（事件发生后 2 小时内），向当地教育行政部门和卫生部门进行初次报告。

2. 进程报告：突发公共卫生事件处置过程中，学校及托幼机构每天应将事件发展变化情况报告当地教育行政部门和卫生部门。

3. 结案报告：事件结束后，应将事件处理结果及时报告上级教育行政部门和卫生部门。

（三）报告内容

1. 初次报告内容：事件发生时间、发生地点、患病（中毒）人员症状、患病（中毒）人数、事件经过、可能的原因等。

2. 进程报告内容：患病（中毒）人员治疗与病情变化情况、事件控制情况、造成事件的原因、已经或准备采取的整改措施。

3. 结案报告内容：事件处理结果（包括事件性质与发生原因）、整改情况、责任追究情况等。

四、风险因素管理

(一)组织管理

1. 实行学校及托幼机构卫生工作校长(园长)负责制。

2. 设立学校及托幼机构突发公共卫生事件应急管理组织。

3. 依据本单位规模、学生或幼童数量,设立符合要求的保健科(室)或卫生室(保健室)。

4. 学校按 600∶1 比例配有专(兼)职卫生技术人员。学生在 600 人以下的学校配专(兼)职保健教师。

5. 托幼机构按收托 150 名儿童至少设 1 名专职卫生保健人员的比例配备卫生保健人员。收托 150 名以下儿童的托幼机构,配专(兼)职保健教师。

(二)制度(机制)管理

学校和托幼机构应建立健全下列突发公共卫生事件风险管理制度。

1. 校长负责制度。

2. 传染病疫情、食物中毒等突发公共卫生事件登记报告制度。

3. 学生健康检查及健康档案管理制度。

4. 学生晨检制度。

5. 因病缺课登记制度、表格。

6. 新生入学预防接种证查验制度。

7. 饮用水卫生管理制度。

8. 食品卫生管理制度。

9. 公共场所管理制度。

10. 宿舍卫生管理制度。

11. 健康教育管理制度。

12. 垃圾管理制度。

13. 厕所卫生管理制度。

14. 危险化学品安全管理制度。

(三)公共场所卫生管理

学校公共场所应符合《公共场所卫生管理条例》及相关卫生标准。

(四)学校教学卫生、生活设施、卫生保健室基本卫生管理

学校教室、学生宿舍、集体食堂、生活饮用水、厕所应符合《国家学校体育卫生条件试行基本标准》及相关卫生标准。

(五)托幼机构生活、服务用房基本卫生管理

托幼机构生活用房包括活动室、寝室、乳儿室、配乳室、喂奶室、卫生间(包括厕所、盥洗、洗浴)、衣帽贮藏室、音体活动室等。

托幼机构服务用房包括医务保健室、隔离室、晨检室、保育员值宿室、教职工办公室、会议室、值班室(包括收发室)及教职工厕所、浴室等。

托幼机构生活用房、服务用房应符合《建设环境保护部、国家教育委员会托儿所、托幼机构建筑设计规范》及相关卫生标准。

(六)健康教育

健康教育是以促进健康为核心的教育。

中小学健康教育内容包括健康行为与生活方式、疾病预防、心理健康、生长发育与青春期保健、安全应急与避险等5个领域。

托幼机构健康教育内容包括心理健康、生活常规养成、卫生习惯培养、自我保护、体质体能培养等领域。

学校应按照《中小学健康教育指导纲要》,根据儿童青少年生长发育的不同阶段,依照小学低年级、小学中年级、小学高年级、初中年级、高中年级5级水平,制订健康教育计划,开展应急知识教育。

托幼机构应按照《托幼机构教育指导纲要(试行)》《3～6岁儿

童学习与发展指南》，制订教育计划并组织实施。

（七）危险化学品管理

危险化学品是指具有毒害、腐蚀、爆炸、燃烧、助燃等性质，对人体、设施、环境具有危害的化学品。应依据《危险化学品安全管理条例》规定，进行学校危险化学品管理工作。

1．建有危险化学品、药品专库，分类存放，专账、专人管理。

2．建立危险化学品使用登记，实行无害化处理并建立处理记录。

五、应急反应

发生突发公共卫生事件时，学校及托幼机构在当地政府的统一领导和卫生部门具体指导下，做好应急处置工作。

（一）突发公共卫生事件的应急反应

突发公共卫生事件发生后，现场的教职员工应立即将相关情况通知学校及托幼机构突发公共卫生事件风险信息联系员、学校及托幼机构领导。

学校及托幼机构领导接到报告后，必须立即赶赴现场组织应急处置工作组实施应急措施。

1．食物中毒应急措施：

（1）联系当地卫生部门（医院），对中毒人员进行救治。

（2）通知有关人员停止食用可疑中毒食品，或追回已出售（发出）的可疑中毒食品。

（3）停止出售和封存剩余可疑的中毒食品。

（4）控制或切断可疑水源。

（5）与中毒人员，特别是中小学（幼童）生或病情严重者家长、家属进行联系，通报情况，做好思想工作，稳定其情绪。

(6)组织人员对共同进餐的学生进行排查。

(7)积极配合卫生部门封锁和保护事发现场,对中毒食品取样留验;或配合公安部门进行现场取样,开展侦破工作。

(8)按照当地政府和卫生部门要求,认真落实其他紧急应对措施。

(9)对学校及托幼机构不能解决的问题及时报告主管教育行政部门和当地政府及卫生部门,并请求支持和帮助。

(10)在学校及托幼机构适当的范围通报突发公共卫生事件的基本情况及采取的措施,稳定师生员工情绪,并开展相应的卫生宣传教育,提高师生员工的预防与自我保护意识。

(11)学校及托幼机构在采取上述应急措施的同时,应向当地卫生部门和教育主管部门报告。

2. 传染病应急措施:

(1)及时隔离患病的学生(幼童),并送至医院进行治疗。

(2)教室、宿舍等人员集中的室内场所应经常开窗,做到有效通风透气,确保室内的空气流通(主要针对呼吸道传染病)。

(3)暂停组织室内场所的大型集体活动(主要针对呼吸道传染)。

(4)控制或切断可疑水源(主要针对肠道传染病)。

(5)协助卫生部门对患病人群所在场所进行彻底消毒。

(6)对患者接触过的人员,包括同学、老师进行随访,并配合当地政府或卫生行政部门采取必要的隔离观察措施。

(7)加强每日晨检(午检)工作,对缺勤的师生员工逐一进行登记,并查明缺勤的原因,对患有传染病的师生劝其及时就医或在家观察,暂停上学或上班。

(8)每日对患病师生进行追踪和记录,了解疾病转归。

(9)采取临时停课等特殊措施:①采取全校(全园)临时停课措

施前，应经当地卫生行政部门组织专家进行疫情风险评估后，报请所在地教育行政部门并经当地（县级以上）人民政府批准；②采取一部分班级或年级临时停课措施前，应根据教育部、国家卫生和计划生育委员会（或其他国家政府主管部门）联合下达的临时停课标准，经当地卫生行政部门组织专家进行疫情风险评估后，报学校及托幼机构突发公共卫生事件应急处置工作领导小组批准。

（10）与患病学生（幼童）[特别是中小学生（幼童）或病情严重者]家长、家属进行联系，通报情况，做好思想工作，稳定其情绪。

（11）按照当地政府和卫生行政部门要求，认真落实其他紧急应对措施。

（12）对学校及托幼机构不能解决的问题及时报告主管教育行政部门和当地政府及卫生部门，并请求支持和帮助。

（13）在学校及托幼机构适当的范围通报突发公共卫生事件的基本情况及采取的措施，稳定师生员工情绪，并开展相应的卫生宣传教育，提高师生员工的预防与自我保护意识。

（14）学校及托幼机构在采取上述应急措施的同时，应向当地卫生部门和教育主管部门报告。

3. 预防接种（或服药）造成的不良反应或心因性反应的应急措施：

（1）联系当地卫生部门（医院），对出现不良反应的学生进行救治。

（2）停止预防接种或预防性服药，封存剩余接种疫苗或药品。

（3）组织人员对预防接种或预防性服药的学生（幼童）进行排查。

（4）与家长、家属进行联系，通报情况，做好思想工作，稳定其情绪。

（5）配合卫生部门排查原因，对引发反应的药品、疫苗取样留验。

(6)按照当地政府和卫生部门要求,认真落实其他紧急应对措施。

(7)对学校及托幼机构不能解决的问题及时报告主管教育行政部门和当地政府及卫生行政部门,并请求支持和帮助。

(8)在学校及托幼机构适当的范围通报突发公共卫生事件的基本情况及采取的措施,稳定师生员工情绪,并开展相应的卫生宣传教育,提高师生员工的预防与自我保护意识。

(9)学校及托幼机构在采取上述应急措施的同时,应向当地卫生部门和教育主管部门报告。

4. 发生群体性不明原因疾病,以及因自然灾害、事故灾难或社会安全等事件引起的严重影响公众身心健康的公共卫生事件的应急措施:

(1)迅速报告卫生部门、教育主管部门及其他有关部门,请求派遣专业人员进校(园),开展流行病学调查,查明事件原因。

(2)及时将受害师生送医院接受救治。

(3)尽快采取各项措施,消除危害,制止事态的发展。

(4)总结经验教训,查漏补缺,杜绝隐患。必要时对事故和损害的责任人追究责任。

(二)学校所在地发生的公共卫生事件应急反应

学校所在地区发生的、可能对学校师生员工健康造成危害的突发公共卫生事件,学校应在当地政府和卫生行政部门的统一领导下,根据突发公共卫生事件的严重程度,做好相应的应急处置准备工作。

六、善后与恢复工作

(一)工作重点转移

突发公共卫生事件应急处置完成后,工作重点应马上转向善后与恢复行动，争取在最短时间内恢复学校及托幼机构正常秩序。

（二）工作措施

1. 对因传染病流行而致暂时集体停课的，必须对教室、阅览室、食堂、厕所（托幼机构的生活和服务用房）等场所进行彻底清扫消毒后，方能复课。

2. 因传染病暂时停学（入托）的学生（幼童），必须在恢复健康，经有关卫生部门确定没有传染性并出具有效的病愈证明后方可复学。

3. 因水源污染造成传染病流行的学校及托幼机构，其水源必须经卫生部门检测合格后，方可重新启用。

（三）责任追究

根据调查结果，对导致事件发生的有关责任人或责任单位，依法追究责任。

（四）善后与整改

1. 学校及托幼机构应认真做好或积极协调有关部门做好受到突发公共卫生事件损害的相关人员的善后工作。

2. 对突发公共卫生事件反映出的相关问题、存在的卫生隐患问题及有关部门提出的整改意见进行整改。

第五节　学校及托幼机构传染病防控工作制度

为了保障广大学生的身体健康，有效防止传染病疫情在学校的发生，早期发现传染病患者和疑似患者，做到早隔离、早治疗，根据《传染病防治法》、《突发公共卫生事件应急条例》、卫生部《学校和托幼机构传染病疫情报告工作规范（试行）》和《传染病信息报告管理规范》、湖北省卫生厅《关于进一步加强学校和托幼机构突发公共卫生事件预防控制工作的通知》等法律、法规和规范性文件的要求，结合本校实际，制订本制度。

一、学校及托幼机构传染病疫情报告制度

（一）建立传染病防控管理组织

校长是第一责任人，校卫生室（教师）为责任疫情报告人，负责具体工作，各年级组长及班主任老师协助配合。学校其他教职员工、学生发现传染病疫情均有义务向责任疫情报告人提供情况。

（二）责任疫情报告人职责

1. 校长是传染病疫情等突发公共卫生事件报告的第一责任人。

2. 凡执行突发公共卫生事件应急处置工作领导小组人员均为责任报告人。

3. 在校长的领导下，具体负责本校传染病疫情和疑似传染病疫情等突发公共卫生事件报告工作。

4. 负责建立、健全本校传染病疫情等突发公共卫生事件的发现、收集、汇总与报告管理工作制度。

5. 协助上级卫生部门对本校发生的传染病疫情等突发公共卫生事件进行调查和处理，接受当地教育行政部门与卫生部门对本校传染病疫情等突发公共卫生事件的督促、检查。

6. 负责组织开展对本校全体师生传染病防治知识的宣传教育。

7. 定期对全校（班）学生的出勤、健康情况进行巡查。

（三）传染病报告顺序

第一发现人→班主任→责任疫情报告人→当地疾控中心、校领导→卫生行政部门。

（四）疫情报告内容及时限

1. 在一班级，1 天内有 3 例或者连续 3 天内有多个（5 例以上）学生患病，并有相似症状（如发热、皮疹、腹泻、呕吐、黄疸等）或者有共同用餐、饮水史时，学校疫情报告人应当在 24 小时内报出相关信

息。传染病流行期间，应按照传染病防控领导小组的规定及时上报。

2. 当学校发现传染病或疑似传染病患者时，学校疫情报告人应当立即报出相关信息。

3. 个别学生出现不明原因的高热、呼吸急促或剧烈呕吐、腹泻等症状时，学校疫情报告人应当在24小时内报出相关信息。

4. 学校发生群体性重大传染病暴发流行事件、群体性不明原因疾病、严重影响师生健康的事件及突发公共卫生事件，必须在最短的时间内（不超过2小时）向当地疾病预防控制中心级及卫生院报告。

（五）报告方式

当出现符合本制度规定的报告情况时，学校疫情报告人应当以最方便的通信方式（电话）向辖区疾病预防控制中心报告，同时，向辖区教育局报告。

疫情报告人发现传染病患者或传染病疑似患者时，不得隐瞒、谎报或迟报。

二、学生（托幼儿童）健康检查及健康档案管理制度

学校学生健康档案管理，是学校管理体制的重要组成部分，也是学校对学生进行德智体全面考核的一项重要内容。为保障学生受教育的权益，明确学校在学生健康管理方面的责任，深化学校教育管理体制改革，完善学生在校期间的健康管理，消除安全隐患，根据《中华人民共和国教育法》《中华人民共和国传染病防治法》《学校体育工作条例》《学校卫生工作条例》《预防性健康检查管理办法》《医疗事故处理条例》等法律、法规和规范性文件的要求，结合本校实际，制订本制度。

1. 学校设立由校长主管负责的学生医疗保障管理部门，负责制订服务细则，指导、协调各部门工作，建立相关部门协调管理机制。

2. 体检分为新生入学体检、毕业体检。新生入学体检、毕业体检是常规健康体检。学校按教育部规定对在校学生进行常规健康体检后,应建立体检健康档案。

3. 新生入学体检时间为入学后第一学期,其余各年级学生体检由学校统一安排。

4. 学校按照《国家学生体质健康标准》要求对在校学生体质进行监测,不得擅自更改体检项目。

5. 体检结果与体质监测结果需及时反馈给学生家长,并给予针对性的指导意见。

6. 学生的体质测试成绩按评定等级记入《国家学生体质健康标准登记卡》,小学列入学生成长记录或学生素质报告书,初中以上学校列入学生档案(含电子档案),作为学生毕业、升学的重要依据。

7. 新生入学体检中发现异常时,学校应当在有效时间内进行复核,经学校定点医院诊断不宜在校学习的,学校将疾病诊断及处理建议提交给基础教育科,由基础教育科返回意见后,教务处根据规定办理休学。

8. 学生毕业体检后,学生健康体检表交教务处,按规定归入学生个人档案。

9. 学校为学生建立个性化健康档案,健康体检与体质监测结果均纳入健康档案管理。

10. 学生个人健康档案应以写实的形式记录学生在校期间体能测试,重大疾病,因病休学、复学情况,体检资料等内容。

11. 设置专人管理健康档案,做好纸质健康档案的收集、整理,以及电子档案的录入工作。

12. 保证学生隐私权,健康档案未经准许不得随意查阅和外借。

13. 新生入学体检所涉及的与学籍管理的有关异常健康情况,学校必须如实上报有关部门,不得拖延、漏报、瞒报。

14. 学生体检后，学校及时汇总、上报体检数据给上级主管部门，并对学生存在健康问题进行分析，制订预防措施。

三、学校晨检（午检）制度

（一）学生晨检（午检）工作制度

1. 每天早上学生进班后及午餐后，由班主任作为检查人负责进行检查工作。主要采取询问、观察、触摸等形式，如发现学生身体不适，特别是出现发烧、咳嗽、咽痛等流感样症状及不能确定的其他症状时，立即通知卫生负责组及学生家长，同时将学生送医院进行检查确诊。

2. 对未到校的学生，班主任应及时电话联系，问清原因并尽量与学生通话，以确定学生的真实情况。如果学生有病要问明病情及去向，如实登记到晨检（午检）统计表及因病缺勤缺课学生情况登记表上，并做好过程跟踪了解，直至学生痊愈。

3. 班主任填写好晨检（午检）统计表及因病缺勤缺课学生情况登记表签字后交教导处检查，安全负责人如实填写汇总表。每日于8：30及12：30做好晨检（午检）工作，要做到认真、细致，无遗漏。

4. 班主任要做好学生及家长宣传工作，提倡学生之间相互督察。告知学生在家或校外出现发烧、咳嗽、咽痛等流感症状或其他不明症状时不能到校，应尽快报告学校并到医院诊断治疗。

5. 病情痊愈，持乡镇卫生院以上医院痊愈证明到学校卫生室开具返校通知单方可回校上课。

（二）教职工晨检（午检）工作制度

1. 高度重视教师晨检（午检）工作，指定专人承担晨检（午检）和信息报表等有关工作。

2. 教师晨检（午检）工作应在每天早上第一节课及下午第一节课前完成。

3. 教师应积极主动配合协助部门检查人的晨检(午检)工作。出现发烧、咳嗽、咽痛等流感症状或其他不明症状时，不能进课堂，应立即报告负责人，尽快到医院诊断治疗。教师在校外出现病情症状时不能到校，应及时请假并尽快到医院诊断治疗。

4. 对生病请假的教师要问明病情及去向，如实登记到晨检(午检)统计表上，并做好过程跟踪了解，直至痊愈。

(三)制度报告

学校要认真做好晨检详细情况记录统计工作，认真填写《学校晨检情况记录统计表》上报学校疫情报告人，学校疫情报告人每天汇总，发现符合疫情报告条件或达到突发公共卫生事件报告条件的，及时上报校长，严格按报告时限要求上报辖区疾病预防控制中心和辖区教育行政部门。

四、学生因病缺课登记及追踪制度

1. 班主任对早晨到校的每个学生进行观察、询问，了解学生出勤、健康状况。

2. 发现学生有传染病早期症状(如发热、皮疹、腹泻、呕吐、黄疸等)以及疑似传染病患者时，应当及时告知学校疫情报告人。

3. 学校疫情报告人要进行进一步排查，以确保做到对传染病患者的早发现、早报告。

4. 班主任应当密切关注本班学生的出勤情况，对于因病缺勤的学生，应当了解学生的患病情况和可能的病因，如有怀疑，要及时报告给学校疫情报告人(表 2-1)。

5. 学校疫情报告人接到报告后应及时追查学生的患病情况和可能的病因，以做到对传染病患者的早发现。

6. 各班主任负责每天班内因病缺课同学的联系工作，密切关注其健康状况，学生凭医疗机构痊愈证明方可返校。

表 2-1　学生因病缺勤及病因排查登记表

学校名称：

登记日期	姓名	性别	年龄	班级	家长联系电话	排查原因	主要症状、体征	发病日期	就诊医院	排查结果	处理意见	登记人	备注

1. 排查原因选项：①因病缺勤；②传染病早期症状（常见传染病早期症状：发热、皮疹、腹泻、呕吐、皮肤黄疸等）；③疑似传染病患者。

2. 排查结果 ：填写病名。

3. 传染病流行期间按有关文件规定做好每日病情追踪并登记。

7. 学校疫情报告人对因病缺课情况进行统计,并按要求上报有关部门。

8. 学校突然出现大量学生不明原因缺课时,要及时上报教育部门和卫生行政部门(或疾控中心)。

9. 班主任应做好患有传染病学生家长的解释、说服工作,严格执行隔离治疗。并将就医结论报告学校,实行传染病复学医学诊断报告制度。

五、新生入学(入托)预防接种证查验制度

为进一步依法实施新生入学查验预防接种证工作,加强学校的传染病控制,保护学生身体健康,根据《中华人民共和国传染病防治法》、卫生部及教育部《关于做好入托、入学儿童预防接种证查验工作的通知》和《疫苗流通和预防接种管理条例》的有关规定,结合本校实际,特制订本校新生入学预防接种证查验制度。

(一)查验接种证工作程序

1. 学校必须在秋季入学时依法对新生进行《预防接种证》查验工作;在报名须知上要求新生监护人提供新生的预防接种证接受查验,以办理入学手续。新生接种证遗失的,请其到辖区预防接种单位补办接种证后才予以办理入学手续。

2. 学校须在学生入学时按要求查验预防接种证,将其接种信息填入《入学、入托儿童免疫状况登记表一览表》,将学生免疫状况填入一览表相应栏目,查对各疫苗免疫剂次和国家免疫规划疫苗的免疫程序,判断是否完成全部规定剂次的疫苗接种。对已全程完成接种的学生将预防接种证复印件归入学生健康档案,纳入学籍管理。查验完毕《预防接种证》应交还学生监护人保存。

3. 学校发现未完成国家免疫规划疫苗接种的新生,应将其接种信息填入《未完成国家免疫规划疫苗接种儿童登记表》,其中一份于 30 日内送达辖区预防接种单位,同时填写《补种通知书》,并督促

监护人携带学生持通知书到辖区预防接种单位进行补种。在学生补种或补证后复验。

4. 学校在查验、复验结束后，汇总查验证和补种情况，并填写《入托、入学儿童预防接种证查验及补种（补证）情况汇总表》，分别在每学年的 3 月底和 10 月底前报辖区教育局，同时报辖区预防接种单位，预防接种单位汇总后报辖区疾病预防控制机构。

（二）职责分工

1. 学校将凭预防接种证入学工作列入评估考核内容并开展定期检查。协助辖区预防接种单位落实有关预防接种工作，确保学校查验接种证工作落到实处，同时学校补种学生较多时，容许接种单位进入学校开设临时接种点（利用空闲教室）。

2. 学校负责漏种学生补种工作的领导和管理，负责对未接种同学开展补种和补证情况进行检查。配合当地教育局对学生开展查验工作督导检查。

3. 学校负责查验预防接种证工作的具体实施，将入学查验预防接种证工作纳入常规业务工作范围，建立健全有关管理制度，加强日常性检查，指定专人负责查验接种证工作。负责建立学生预防接种证档案并纳入学籍管理。查验完毕《预防接种证》应交还学生监护人保存。

第六节　学校及托幼机构饮用水卫生管理制度

一、学校饮用水卫生管理制度

为加强学校生活饮用水工作，规范生活饮用水卫生管理，保障广大师生的身体健康和生命安全，根据教育部、卫生部颁发的《学校卫生工作条例》《生活饮用水卫生监督管理办法》《生活饮用水集中式供水单位卫生规范》《二次供水设施卫生规范》等法律法规，结合我校实际，制订本制度。

（一）成立卫生管理组织机构

为切实加强对生活饮用水卫生安全的管理，经学校研究决定成立生活饮用水卫生管理小组，负责学校生活饮用水卫生安全。

组长：学校分管后勤工作领导。

副组长：学校后勤科室负责人。

成员：学校后勤科室具体管理人员及供管水人员（应在姓名后注明职务、电话、职责）。

（二）管理标准

校内一切生活饮用水必须符合国家生活饮用水卫生标准。

（三）供管水人员健康管理及学习制度

1. 凡直接从事供水管水的人员，在上岗前应取得预防性健康体检合格证，在岗时每年应在体检时效到期前15日内主动到预防性健康体检机构进行健康检查。

2. 凡患有痢疾、伤寒、病毒性肝炎、活动性肺结核、化脓性或渗出性皮肤病及其他有碍生活饮用水卫生的疾病或病原携带者，不得从事直接供水管水工作。

3. 供管水人员凡有发热、腹泻、皮肤伤口或感染、咽部炎症等有碍生活饮用水卫生病症的，应主动立即脱离工作岗位，待查明原因、排除有碍生活饮用水的病症或治愈后，方可重新上岗。

4. 直接从事供水管水的人员，上岗前必须经卫生知识培训考核合格，取得卫生知识培训合格证。上岗后每年进行一次卫生知识培训，未经卫生知识培训合格或者培训不合格者不得上岗工作。

5. 供管水人员应主动积极学习《突发公共卫生事件应急处理条例》《中华人民共和国传染病防治法》《生活饮用水卫生监督管理办法》《生活饮用水卫生标准》《生活饮用水水质卫生规范》等法律法规及标准规范，提高自觉守法意识，加强生活饮用水相关知识学习，提高供水管水水平。

6. 保持良好的个人卫生习惯和行为，不得在生产场所吸烟，不得进行有碍生活饮用水卫生的活动。

7. 学校负责对每位供管水人员建立健康档案。

（四）桶装水卫生管理制度

1. 桶装水管理要求：

(1)水质应符合桶装饮用水的标准，每批水要索取水质检验报告。

(2)供应桶装饮用水的企业要有有效的食品卫生许可证、工商营业执照、工业产品生产许可证、税务登记证、产品质量监督检验报告。

(3)使用的饮水机有有效的食品卫生许可证或涉水产品卫生许可批件。

(4)饮水机应放在固定安全卫生的地方，防止二次污染。

(5)有定期对饮水机清洗消毒的制度，定期对饮水机进行清洗、消毒，夏季每月一次，冬季每两月一次，要有定期清洗消毒饮水机记录；消毒使用的消毒剂有有效的卫生许可批件。

2. 保温桶水管理要求。设专人定时供水，供水者必须有健康上岗证，保温桶要加盖上锁，并每天进行清洗消毒。

3. 要求学生自备饮水用具，中小学及托幼机构不得配置公用饮水用具。如果学生的饮水用具需在中小学及托幼机构存放，中小学及托幼机构应配备消毒设施，每天对学生的饮水用具进行清洗消毒。

（五）直饮水卫生管理制度

1. 直饮水设备应具有有效的涉水产品卫生许可批件；直饮水设备使用的水处理材料应有卫生安全检验合格证明或卫生安全许可批件。

2. 直饮水设备出水水质符合经卫生行政许可的相应水质标准和规范要求。

3. 每日使用前打开每个水嘴，放尽管道内的积水。

4. 每日由卫生管理员对直饮水设备进行清洁，并对每个水嘴进行消毒。

5. 定期公示直饮水水质检验结果，配合制造商开展直饮水日常运行维护工作和及时处置直饮水水质事件。

6. 每日对直饮水设备进行安全卫生巡查，做好巡查记录。

7. 加强对师生正确饮用直饮水的宣传教育。

8. 直饮水设备在每学期开学前一周，进行全面冲洗和消毒，并进行水质检验。水质检验由教育行政部门确定的具有资质的检测机构采样完成。

（六）供水设施卫生管理制度

1. 供水设施周围应保持环境整洁，进、出水管应在相应位置，防止产生水流短路和死水区。

2. 保持良好的排水条件，泄空管和溢流管的出口不得直接与排水管道相连接，保证在任何情况下污水不能通过溢流管等流入水池内。

3. 保持供水设施正常，设施与饮水接触表面保证外观良好，光滑平整，不会对水质造成影响。

4. 规范设置透气管，水箱入口设有不锈钢盖板，应高于水箱入口 5 cm 以上并加锁。通气管、溢流管应设有不锈钢网罩，防止昆虫爬入水池。

5. 对储水池、水箱等设施，每半年进行全面清洗、消毒一次。

（七）二次供水卫生管理制度

1. 学校配备专职人员，负责生活饮用水卫生管理工作及供水设备维护保养工作。

2. 直接从事供管水的人员必须经卫生知识培训和取得体检合格证后方可上岗工作，并每年进行一次健康检查。

3. 二次供水设施要符合卫生标准，所用材料必须无毒、无异味，不得影响水质卫生，其材料应有涉及饮用水卫生安全产品的有效卫生许可批文。

4. 二次供水设施能正常运转，设备整洁，地面干净，储水箱加盖上锁，在水箱周围半径 10 m 范围内不得有污染源等存在，不得堆放在毒有害物质，水箱周围干净。

5. 二次供水设施不得与城市市政自来水管网直接连通，水箱的溢水管应高于下水道最高水位并有防污染设施。

6. 生活饮用水卫生管理专职人员要经常观察饮水设施内外部的卫生和水质情况，及时清除污垢，保证师生员工生活饮用水的干净和卫生。

7. 供管水人员要保证生活饮用水水质不受到污染，并有利于清洗和消毒。各类蓄水设施要加强卫生防护，定期清洗、检验（每学期进行一次清洗，一次水质检验），并加盖上锁，做到密封，杜绝二次污染。

8. 清洗各类蓄水池时学校校长要严格监督清洗情况，提醒清洗人员注意安全。清洗、消毒完成后，要检查一切正常，方可供水使用。

9. 要对饮用水设施进行维护和必要的保养，确保供水设施的完好正常使用。购买涉水材料时，要索取卫生许可批件。检修生活饮用水设施时，严禁使用卫生不合格产品，以防水污染，并做好维修记录。

10. 保温桶要加盖上锁，放置在固定安全卫生的位置，定期对开水桶进行清洗消毒并记录，清洗时，宜采用流动蒸汽等物理消毒方式。

（八）水井、水箱清洗制度

1. 水井和水池每年至少清洗消毒 2 次。

2. 清洗前严格检查清洗单位有无卫生资质。

3. 认真检查清洗人员有无健康证明。

4. 进出水池时要提醒清洗人员工作安全。

5. 清洗消毒完成作业人员撤离水池后，应穿消毒水鞋、整洁工装进入水池内检查水池内有无遗留物品和其他杂物。

6. 检查一切正常后，盖好水池入口盖，并锁好。

7. 后勤科应认真做好水井水池的清洗消毒记录。

（九）水源及制水卫生管理（自备供水）

1. 供管水人员应经常检查水井口的密封及取水口周边 30 m 的卫生情况，在水井、泵站、水池外围 30 m 范围内不得设立生活居住区，不得修建渗水厕所和渗水坑，不得堆放垃圾、粪便、废渣和铺设污水管道。

2. 井口要高出地面或密封，防止流水经地面倒灌入井，污染井水。

3. 井口要加盖加锁，防止投毒等事件发生。

4. 水质消毒设备要保证正常运转。在采购水质消毒剂时应索取卫生许可批件及检验合格报告，并建立消毒剂投放记录。

5. 按规定设定消毒剂余量检测点，并按照每周不少于 3 次的要求进行检测并做好记录。

6. 输水、蓄水和配水等设施应密封，严禁与排水及非生活饮用水的管网相连接，涉水产品必须符合有关卫生要求。

7. 水处理设备、设施、管网投产前或者修复后，必须严格冲洗、消毒，经水质卫生检验合格后方可供水。

8. 购买涉水材料时，要索取卫生许可批件。

9. 检修生活水设施时，严禁使用卫生不合格产品，以防水污染，并做好维修记录。

10. 要时常检查水池通气孔网罩有无破损情况，如有要及时更换。

（十）生活饮用水污染事故报告制度

1. 生活饮用水污染事故的报告范围：

(1)因自然灾害或人为因素使饮用水水源遭受污染。

(2)饮用水水质出现异常，影响饮用者正常生活。

(3)输配水管网破损或二次供水设施防护不严，使饮用水水质恶化。

(4)饮用水水质污染，造成介水传播疾病流行或中毒。

(5)存在明显的污染源，并怀疑饮用水水源或饮用水水质有可能受到污染。

2. 后勤部门应针对取水、输水、净水、蓄水和配水等可能发生污染的环节，制订和落实防范措施，加强检查，严防污染事件发生。

3. 当发生生活饮用水污染事故时，供管水员须立即采取应急措施，并以最快的方式报告单位生活饮水卫生安全管理小组领导和当地卫生行政部门。

4. 在水污染事故发生期间，应密切注意事态发展，及时进行水质检测，并在第一时间向卫生行政部门报送检测和处理报告。

5. 任何人不得隐瞒、迟报、谎报或者授意他人隐瞒、迟报、谎报水污染事故。

6. 报告方式及电话：在当面向生活饮用水卫生安全管理小组负责人报告的同时应向县卫生行政部门报告。

（十一）其他

1. 各部门要对师生员工开展相关生活饮用水卫生安全常识的

宣传教育,引导他们养成不喝生水的良好习惯,提倡喝开水。

2. 坚持开展除“四害”常规工作,确保师生员工的饮水安全。

3. 学校另制订生活饮水突发污染事故应急处理预案,对生活饮用水水质污染或不明原因水质突然恶化及水源性疾病暴发等事件进行处置。

二、学校生活饮用水突发污染事故应急处理预案

为积极、有效应对可能发生的生活饮用水突发污染事故,高效、有序地组织开展事故调查、现场处理及救援等应急处置工作,最大限度地减轻或消除生活饮用水突发污染事故的危害,保障全体师生员工的身体健康与生命安全,维护学校正常的教学秩序和校园稳定,结合本校实际,特制订本预案。

(一)组织机构及主要职责

为加强对生活饮用水突发污染事故应急处理工作的统一领导,高效、有序地组织开展各项应急处置工作,学校成立生活饮用水突发污染事故应急处理领导小组,负责统一领导、指挥、部署、协调各项应急处置工作。应急处理领导小组成员如下:

组　长:主管卫生副校长。

副组长:医务室负责人、饮用水管理负责人。

成　员:专(兼)职卫生保健人员、饮用水卫生管理人员和事件相关的各班主任。

应急处理领导小组主要负责组织学校生活饮用水突发污染事故的具体调查、处理、救援及上报工作,配合教育行政部门、卫生行政部门及食品监督管理部门、疾病预防控制机构和医疗机构依法对学校生活饮用水突发污染事故的各项调查、处理、救援等工作。

（二）应急处理

1．统一部署。学校一旦发现生活饮用水水质污染或不明原因水质突然恶化及水源性疾病暴发事件时，应立即启动本预案。事故发生后，学校应急处理领导小组应紧急组织有关人员展开调查，了解情况，统一部署下一步的应急处置工作。

2．停止供水。生活饮用水污染事故发生后，学校生活饮用水卫生管理专职人员必须第一时间停止供水，保护好事故现场。在保证水质卫生安全质量的前提下采取其他临时供水途径，以保证师生员工正常生活饮用水问题，避免和减少水污染对师生员工身体健康造成的危害。

3．实施救治。生活饮用水污染事故发生后，学校必须第一时间对感染者实施应急救治。对病情较严重的感染者，由学校立即派人送往医院救治，并积极配合医院做好治疗工作，随时掌握医院救治动态，同时做好感染者的心理疏导工作。对需要实施隔离治疗的感染者，由学校应急处理领导小组负责组织有关人员配合医疗机构做好隔离期间相关工作。

4．依法报告。发生生活饮用水污染事故后，学校应急处理领导小组要依法立即如实向上级部门报告水污染事故状况。

5．现场调查。学校应急处理领导小组组织有关工作小组和人员，配合卫生部门迅速开展现场调查，查找污染原因及污染物，了解污染物的种类、性状、毒性及污染程度，掌握供水范围及接触人群身体健康危害程度等。

6．水质监测。学校生活饮用水卫生管理专职人员要积极配合疾病预防控制中心开展水质监测，科学采集水样和检测，快速找出主要污染物，及时掌握水质污染程度、污染趋势、水质动态变化规律。

7. 消除污染。在现场调查和水质监测基础上进一步分析污染的扩散趋势,并在卫生部门的指导下,制订科学的、行之有效的紧急控制与消除污染的方案,控制事态进一步的蔓延和扩大,严防水污染事故再次发生。

8. 正常供水。当生活饮用水突发污染事故得以控制,污染原因消除后,必须重新进行水质检测,水质达到国家卫生标准后方可供水。

(三)保障措施

1. 组织机构保障。学校应急处理领导小组负责组织学校生活饮用水突发污染事故的具体调查、处理、救援及上报工作,积极配合卫生部门对学校生活饮用水突发污染事故的各项调查、处理、救援等工作。

2. 人力资源保障。学校根据教育部、卫生部颁发的《学校卫生工作条例》要求,学校配备生活饮用水卫生管理专职人员。生活饮用水卫生管理专职人员应具备高度的工作责任感,接受上级部门组织的生活饮用水突发污染卫生事故应急处理知识、技能的培训和演练,熟悉突发饮用水卫生事件的预防与控制知识,具有处理突发事件的快速反应能力。

3. 财力和物资保障。学校安排必要的经费预算,为生活饮用水突发污染事故的应急处置工作提供合理而充足的资金保障和物资储备。

(四)总结报告

学校应急处理领导小组要认真做好生活饮用水突发污染事故应急处理的总结工作,分析事故应急处理过程中的经验教训,并提出改进措施,修好危及生活饮用水卫生安全的漏洞,为进一步做好今后生活饮用水的规范管理工作提供借鉴。

第七节　学校环境卫生管理制度

一、学校环境卫生管理制度

为了加强学校环境的卫生管理，给广大同学和教师营造一个良好的学习、工作、生活环境，根据相关法律、法规，结合本校实际情况，制订本制度。

（一）成立专门机构，做到齐抓共管

1. 成立学校校园管理领导小组，校长为领导小组组长。

2. 在校长的领导下，学校校园管理领导小组要把环境卫生工作纳入工作计划，并作为学校工作考核、评比的内容之一。

3. 学校校园管理领导小组负责对全校的教学卫生、生活卫生、环境设备、学生的生产劳动和体育锻炼等五个方面作总体部署。

4. 学校校园管理领导小组负责全校环境卫生特别是学习环境和生活环境的检查、监督工作。

（二）加强卫生常识教育

1. 通过开设卫生常识课和举办卫生知识讲座，努力提高学生的思想认识，使学生掌握基本的卫生知识和技能，培养他们良好的卫生习惯。

2. 利用多媒体教室播放有关卫生常识教育专题、校刊、办刊、挂图等形式，结合《中小学生日常行为规范》，加强对学生保健常识的宣传，帮助学生养成良好的卫生保健习惯。

（三）建立健全规章制度

1. 制订各项卫生公约、寝室卫生公约，公共教室公约以及学生个人卫生保健要求等。

2. 制订每日、每周清扫制度。

(1)教室及教室保洁区,有学生每日清扫。

(2)办公室、实验保管室有指定的教师每天负责清扫。

(3)厕所、垃圾、草坪、通道、清洁区、环境由指定的班级清扫,由值周教师和班主任协调负责。

(4)每周五下午课外活动时间,进行全校教学、生活环境卫生大扫除。

每次大扫除,全校各班级彻底清扫各自卫生责任区的"死角"。

(四)定期和不定期地进行检查,强化学生"卫生意识"

学校校园管理领导小组对各班级的卫生责任区进行不定期检查、评比;同时定期进行周扫除,月扫除检查评比。检查评比结果每周公布一次。

(五)将卫生评比工作作为评优的重要条件之一

学校教学、生活环境卫生工作每周进行一次检查评比。全校设立一面"卫生流动红旗",采用教学环境与生活环境综合评定的方法进行评定。"先进班集体"必须获得本学年度的"卫生流动红旗"。凡无故不参加卫生扫除和有乱扔果皮纸屑行为的学生,不得评为"三好学生"和"优秀班干部"。

二、学校教室卫生管理制度

为了加强学校教室的卫生管理,给广大同学和教师营造一个良好的学习、工作、生活环境,根据相关法律、法规,结合本校实际情况,制订本制度。

1. 每天安排 2 名学生值日,由劳动委员安排值日表,并通知本人。

2. 值日生每天按时到岗,完成教室清扫工作。

3. 不得随地吐痰、乱扔废纸果皮，不得在教室打闹，乱扔粉笔头。

4. 保持地面清洁卫生，桌椅摆放整齐，抽屉中书籍摆放有序、无杂物。

5. 教室内外墙壁的清洁卫生，做到墙壁无脚印，禁止乱涂、乱写、乱画。

6. 每节课后清擦黑板及讲桌，保持黑板及讲桌干净，教具摆放整齐。

7. 保持教室电视机、灯管的清洁。

8. 教室要有良好的通风、采光照明设备，保证空气清新，光线均匀。

三、学校学生宿舍卫生管理制度

为了加强学校学生宿舍的卫生管理，给广大学生营造一个良好的学习、工作、生活环境，根据相关法律、法规，结合本校实际情况，制订本制度。

1. 应保证一人一床。

2. 每天安排1名学生值日，由室长安排值日表，并通知本人。

3. 值日生每天按时到岗，完成宿舍清扫工作。

4. 寝室内要打扫干净，并保持干净。

5. 被子叠成方块，置于床北头，枕头置于床北头。

6. 床单、枕巾要铺平，无皱折，蚊帐用钩子或夹子挂好。

7. 洗后未干的衣物晾到室外指定的地方。

8. 漱口缸、盆、水桶要在规定的地点摆放，毛巾要晾整齐（统一晾在床两头）。

9. 上铺鞋头朝里，下铺鞋头朝外，与床平齐。

10. 墙上饰物悬挂整齐。

11. 门、窗、窗帘、墙壁、玻璃等要保持干净。

12. 宿舍应保证通风良好,寒冷地区宿舍应设有换气窗。

四、学校厕所卫生管理制度

为了加强学校厕所的卫生管理,给广大学生营造一个良好的学习、工作、生活环境,根据相关法律、法规,结合本校实际情况,制订本制度。

1. 厕所卫生由专人负责,有监督和考核制度。

2. 学校设置厕所保洁员负责厕所清洁卫生和设施维护工作。

3. 厕所应经常打扫,大小便池要随时冲洗,保持洗手池、地面大小便池的清洁干净,做到无积水、无尿碱、无污物、无异味。

4. 及时清理厕所内纸篓垃圾,保持地面、便槽、洗水池内无垃圾杂物。

5. 厕所应确保正常供水和下水道疏通。

6. 每周两次对公共厕所进行消毒处理,确保无异味。苍蝇、蚊虫滋生季节积极采取灭杀措施。

7. 教职工要文明如厕,爱护公共厕所设施,讲究清洁卫生,节约用水。大小便要入槽,便后及时放水冲槽,不随地吐痰,不乱抛杂物,不乱涂墙壁。

五、学校垃圾管理制度

为了加强学校垃圾的卫生管理,给广大学生营造一个良好的学习、工作、生活环境,根据相关法律、法规,结合本校实际情况,制订本制度。

1. 根据本单位实际情况设立垃圾管理站、垃圾管理员或保洁员数额。

2. 保洁养护时间实行 24 小时管理制。

3. 垃圾运转与垃圾站开启时间应避开本单位人流高峰时段。

4. 垃圾箱(桶)应加盖封闭,其样式规格与摆放位置应符合学校各场所实际情况。

5. 保持垃圾转运车辆干净整洁,车辆要做到无污渍、无灰尘、无异味。

6. 实行垃圾分类管理制度,在公共场所均设置两种垃圾箱:可回收垃圾箱和不可回收垃圾箱,师生按照有关要求将垃圾放入相应的垃圾箱。

7. 食堂垃圾由食堂指定专人集中处理。

8. 废旧电池、废日光灯管、废旧电器等垃圾由专人收集,统一处理。

9. 实验室垃圾需经无害化处理后,由专人负责安全处理和销毁。

10. 医务室垃圾不得随意丢弃,使用专用垃圾箱,置于学生不能接触处,按照医疗废弃物处理。

六、学校危险化学品管理制度

为了加强危险化学品的管理,给广大学生营造一个良好的学习、工作、生活环境,根据相关法律、法规,结合本校实际情况,制订本制度。

1. 成立学校危险化学品管理小组,校长为第一责任人。

2. 危险化学品保管、使用、处置等环节均由专人负责,做到规范操作、互相监督。

3. 建立剧毒药品的“五双”管理制度,即“双人保管、双人领取、双人使用、双把锁、双本账”。

4. 经负责人审核、领导批准后,方可按计划申购,严格控制采购量。

5. 危险化学品应按产品特性分类存放，做好标识，定期检查。

6. 按需领用，未用完化学品应缴还，做好登记。

7. 使用时严格遵守操作规程，做好防护措施。

8. 危险化学品的使用仅限于教学实验，不得离开实验室使用。

9. 严禁私人借用危险化学品，坚决制止危险化学品流向社会。

10. 废弃危险化学品应依照《固体废物污染环境防治法》和国家有关规定执行，由专人负责定期安全处理和销毁。

七、学校环境卫生检查考评标准

为了给教师和学生营造一个卫生整洁的学习环境，培养良好的环境保护意识和卫生习惯，学校将每周对各班级卫生状况进行检查和抽查，向卫生好的班级颁发流动红旗，在校会上予以表扬，并作为本学期评选先进班级的重要依据。现特制订对各班级卫生检查的考评标准如下。

（一）检查内容

主要检查5个方面的卫生整洁情况：

1. 环境卫生。

2. 教室卫生。

3. 寝室卫生。

4. 楼房卫生。

5. 厨房卫生。

（二）等级标准

学校卫生检查以百分制作为考评标准，评分标准按4个等级划分，每个等级以20分为起评线，满分为100分，其等级分别是：好(20分)，较好(15分)，一般(10分)，差(0分)。

总评标准：总分100分的为好，99～80分的为较好，79～50分的为一般，50 分以下的为差。总评分数在 95 分以上的班级可获得本周的卫生流动红旗。

（三）评分细则

1. 环境卫生：无杂草、无垃圾、无纸屑、无碎石和砖瓦平、无污水、无坑洼。

2. 教室卫生：无蜘蛛网，桌椅、板凳、讲台、门窗玻璃无灰尘、地面无垃圾、纸屑，桌椅、板凳摆放整齐，不准向室外扔果皮纸屑。

3. 寝室卫生：无灰尘垃圾，无果皮、污水，无蜘蛛网等；床铺、毛巾、脸盆、牙具、碗摆放整齐，被子、衣物叠好；门前无污水，无剩菜剩饭。

4. 楼房卫生：室内清洁，不准在墙上乱写乱画，不准向外扔果皮、纸屑、吐痰、泼水。

5. 厨房卫生：室内清洁，无蜘蛛网、无灰尘、无垃圾积存；生熟食要分开，熟食要加盖，不准买腐烂变质的食物；不得有传染病人从事炊事员工作。

第八节　学校公共场所卫生管理制度

为认真贯彻落实《学校卫生工作条例》《公共场所卫生管理条例》《公共场所卫生管理条例实施细则》等相关法律、法规要求，切实抓好学校学校图书馆卫生管理，创建文明、健康、整洁、优美的校园环境，保障广大师生学习、生活环境卫生安全，特制订本制度。

一、学校图书馆卫生管理制度

1. 图书馆是学校师生学习的重要场所，是社会主义精神文明建设的重要阵地，必须保持馆室整齐清洁、环境优美。建立图书馆卫生管理委员会，由馆长任主任，主管行政的副馆长任副主任，部主任担任委员，不定期对全馆卫生进行检查。设置兼职卫生管理人员，负责人员和场所卫生管理的具体工作。

2. 图书馆必须持有有效的卫生许可证，并悬挂在醒目的位置。新建、改建、扩建或变更项目必须报卫生监督部门审核，验收合格并取得《卫生许可证》后方能营业。

3. 经营场所的卫生条件和卫生设施必须符合 GB9669—1996《图书馆、博物馆、美术馆、展览馆卫生标准》的要求。自习室、走廊、厕所、门厅、大面积玻璃等公共区域由专职清洁工负责，应天天清扫。

各部室内部及所属阅览室卫生由部室主任全面负责，由所在房间的人员清扫，包括部主任室、阅览室、书架、书刊、桌椅、墙壁、门窗及各种设备等，书刊资料、光盘等要定期除尘防潮。

4. 从业人员必须持有效《健康证明》和《卫生知识培训证明》上岗，并按国家规定进行复检和复训。

5. 严禁在馆内吸烟、吐痰、吃零食及乱扔纸屑、废弃物等，违者必须清扫现场，并视情节轻重给予处罚。严禁在馆内高声喧哗。

6. 严禁在馆内吸烟、吐痰、吃零食及乱扔纸屑、废弃物等，违者必须清扫现场，并视情节轻重给予处罚。

7. 严禁在墙壁、桌、椅、书架、门窗等公物上乱涂、乱画、张贴广告，违者按有关规定处罚，情节严重者按故意破坏公共财物论处，同时报学校处理。

二、学校洗浴场所卫生管理制度

1. 建立学校洗浴场卫生管理委员会，由洗浴场主要负责人任主任，分管负责人任副主任，相关责任人为委员，不定期对洗浴场内外卫生进行检查。设置兼职卫生管理人员，负责人员和场所卫生管理的具体工作。

2. 洗浴场所必须持有有效的卫生许可证，并悬挂在醒目的位置。新建、改建、扩建或变更项目必须报卫生监督部门审核，验收合格并取得《卫生许可证》后方能营业。

3. 从业人员必须持有效《健康证明》和《卫生知识培训证明》上岗，并按国家规定进行复检和复训。

4. 经营场所的卫生条件、卫生设施及用品用具必须符合GB9665—1996《公共浴室卫生标准》的要求。学校洗浴场内外环境整洁、美观，地面无果皮、痰迹和垃圾等，墙面、挂图、壁灯干净无尘。卫生管理制度健全，区域分工明确，责任落实到人。组织每周开展卫生检查改进工作，并做好记录，建立卫生档案。

5. 对公共卫生区域每天彻底消毒，有废弃物盛放容器并加盖。场所内的卫生间机械通风良好，地面必须保持干燥洁净，便池、马桶、面盆随时清理干净，台面、镜面、烘手机干净无尘。

6. 学校洗浴场内及客房应加强自然通风，保持机械通风设备的正常运转，机械通风设备按卫生要求每周清洗过滤设备并做好记录，保证室内足够的新风量。

7. 浴室入口处设有“禁止性病和传染性皮肤病患者就浴”的标记，并标志明显。浴室的更衣箱应做到一客一用一消毒，消毒宜采用84消毒液进行擦拭。公共浴室休息厅内要安排合理的床位占地面积，防止室内人员拥挤。

三、学校理发场所卫生管理制度

1. 建立学校理发场所卫生管理委员会，由场所主要负责人任主任，分管负责人任副主任，相关责任人为委员，不定期对场所内外卫生进行检查。设置兼职卫生管理人员，负责人员和场所卫生管理的具体工作。

2. 理发场所必须持有有效的卫生许可证，并悬挂在醒目的位置。新建、改建、扩建或变更项目必须报卫生监督部门审核，验收合格并取得《卫生许可证》后方能营业。

3. 经营场所的卫生条件、卫生设施和用品用具必须符合GB9666—1996《理发店、美容店卫生标准》的要求。每天营业之前，必须打扫、清洁地面、桌椅、门窗、墙角及工作台的灰尘和蜘蛛网，物品摆放整齐、到位，场所内环境干净、整洁、舒适、明亮。每天营业之中，工作场所及所有的工具应保持清洁卫生，物品使用后及时归位，随时清理地面、桌椅及工作台上多余的物品。每天营业之后，必须对地面、工作台进行打扫、清洁、消毒，去除灰尘、污物，及时处理废弃物。同时，用品用具进行分类清洁、消毒。

4. 场所通风设施完备，空气流向合理，保持室内、卫生间、地板无异味。场所内应配有数量充足的毛巾（面巾）等公共用品用具，其配备的数量应当满足消毒周转的要求。

5. 公用物品（毛巾、洗脸拭发毛巾、理发工具）做到一客一换一消毒。要有固定消毒与保洁设施，建立换洗消毒台账。配备供头癣等皮肤传染病顾客专用的理发工具，单独存放，每次用后单独严格消毒。

6. 从业人员必须持有有效的健康证和卫生知识培训合格证上岗。每年年审合格后方可继续从事直接为顾客服务的工作。从业人员患有有碍公众健康疾病者，治愈之前不得从事直接为顾客服务的工作。从业人员应保持良好的个人卫生，不留长指甲，勤剪发、勤修甲、勤洗澡、勤换衣。工作时应着专用工作服装，着装保持整洁。

7. 理发、烫发、染发、美容用的化学制剂、化妆品应符合《化妆品卫生监督条例》和GB7916—87《化妆品卫生标准》的有关规定。室内禁止吸烟，并有明显的禁烟标志。

四、学校体育馆卫生管理制度

1. 体育馆是学校体育教学、训练及比赛专用场所，建立体育馆卫生管理委员会，由馆长任主任，分管行政副馆长任副主任，相关责任人为委员，不定期对场所内外卫生进行检查。设置兼职卫生管理人员，负责馆内卫生管理的具体工作，建立和健全卫生档案。

2. 体育馆必须持有有效的卫生许可证，并悬挂在醒目的位置。新建、改建、扩建或变更项目必须报卫生监督部门审核，验收合格并取得《卫生许可证》后方能营业。

3. 经营场馆的卫生条件、卫生设施必须符合 GB9668—1996《体育馆卫生标准》的要求。馆内日常的清洁卫生工作有专人负责，保证地板整洁，无积灰、无污垢，玻璃明亮，馆内无异味。保持厕所清洁卫生，无污渍、无异味。馆内禁止吸烟，并有禁烟标志。

4. 体育馆设备器材安排有序，符合体育比赛、训练及开放活动的标准和需要。开放活动后应及时清扫看台，每季度大扫除一次。地板、裁判台每半年打蜡一次。

5. 体育馆各项训练器械、竞赛器械都必须保证完整、完好状态。每次大赛前，认真检查、清洁，赛后及时整理并保养入库。机械活动装置保证润滑并处于良好状态，有损坏的及时修复，容易霉变的体育器材和物品必须经常翻晒。

五、学校文化娱乐场所卫生管理制度

1. 建立文化娱乐场所卫生管理委员会，由主要负责人任主任，分管负责人任副主任，相关责任人为委员，不定期对场所内外卫生进行检查。设置兼职卫生管理人员，负责人员和场所内卫生管理的具体工作，建立和健全卫生档案。

2. 文化娱乐场所必须持有有效的卫生许可证，并悬挂在醒目的位置。新建、改建、扩建或变更项目必须报卫生监督部门审核，验收合格并取得《卫生许可证》后方能营业。

3. 经营场所的卫生条件、卫生设施及用品用具必须符合

GB9664—1996《文化娱乐场所卫生标准》的要求。室内外环境整洁、美观,地面无果皮、痰迹和垃圾。

4. 从业人员必须持有效《健康证明》和《卫生知识培训证明》上岗,并按国家规定进行复检和复训。

5. 凡设空调装置的场所必须有新风供给。新风入口应设在室外,远离污染源,空调器过滤材料应定期清洗或更换。卫生间应有有效的自然通风管井或独立机械排气装置。

6. 公共用具必须设有专用洗消间和洗消设施,并有明显标志。杯具、眼镜等每客用后必须严格按照一洗二过三消毒的程序进行洗消,并做到一客一换一消毒。

7. 场内禁止吸烟,并应有明显的禁烟标志。影剧院、音乐厅、卡拉 OK 歌舞厅应设吸烟室,并配备排风装置和空气清新装置。

8. 公共卫生间设座厕者必须使用一次性座厕垫纸。卡拉 OK 场所应使用话筒消毒网。场所内所有冰粒机都必须安装带消毒的滤水器,以保证冰粒达到卫生要求。每天工作结束后,应用紫外线灯或灭菌灯对室内进行空气消毒 10～15 分钟,并做好记录。

第九节　学校及托幼机构食品安全管理制度

一、从业人员健康管理制度

为规范学校及托幼机构食堂餐饮服务从业人员健康管理,保障学生和教职员工餐饮安全,根据《食品安全法》《食品安全法实施条例》《餐饮服务食品安全监督管理办法》等法律、法规及规章,制订本管理制度。

1. 凡在本学校及托幼机构从事直接为学生和教职员工服务的所有餐饮工作人员(包括厨师、服务员、洗碗工、采购员、库管员、管理员、餐厅领班等）均应遵守本管理制度。

2. 新参加或临时参加工作的人员，应经健康检查，取得健康证明后方可参加工作。所有直接接触食品的从业人员每年至少进行一次健康检查，必要时接受临时检查。

3. 凡患有痢疾、伤寒、病毒性肝炎等消化道传染病，活动性肺结核，化脓性或者渗出性皮肤病以及其他有碍食品安全疾病的，不得从事接触直接入口食品的工作。

4. 从业人员有发热、腹泻、皮肤伤口或感染、咽部炎症等有碍食品安全病症的，应立即脱离工作岗位，待查明原因并将有碍食品安全的病症治愈后，方可重新上岗。

5. 食品安全管理员要及时对在本学校及托幼机构餐饮从业人员进行登记造册，建立从业人员健康档案，组织从业人员每年定期到指定查体机构进行健康检查。

6. 食品安全管理员和食堂负责人要随时掌握从业人员的健康状况，并对其健康证明进行定期检查。

7. 从业人员健康证明应随身佩带（携带）或交主管部门统一保存，以备检查。

二、从业人员培训管理制度

为规范学校及托幼机构食堂餐饮服务从业人员培训，保障学生和教职员工餐饮安全，根据《食品安全法》《食品安全法实施条例》《餐饮服务食品安全监督管理办法》等法律、法规及规章，制订本管理制度。

1. 餐饮服务从业人员包括新参加工作和临时参加工作的餐饮服务从业人员必须经过培训、考核合格后，方可从事餐饮服务工作。

2. 食品安全管理人员应制定从业人员食品安全教育和培训计划，组织各部门负责人和从业人员参加各种上岗前及在职培训。

3. 食品安全教育和培训应针对每个食品加工操作岗位分别进行,内容应包括食品安全法律、法规、规范、标准和食品安全知识、各岗位加工操作规程等。

4. 培训方式以集中讲授与自学相结合,定期考核,不合格者待考试合格后再上岗。

5. 建立餐饮服务从业人员食品安全知识培训档案,将培训时间、培训内容、考核结果记录归档,以备查验。

三、从业人员个人卫生管理制度

为规范学校及托幼机构食堂餐饮服务从业人员个人卫生管理,保障学生和教职员工餐饮安全,根据《食品安全法》《食品安全法实施条例》《餐饮服务食品安全监督管理办法》等法律、法规及规章,制订本管理制度。

1. 从业人员应保持良好个人卫生,操作时应穿戴清洁的工作服、工作帽,头发不得外露,不得留长指甲,涂指甲油,佩戴饰物。专间操作人员还应戴口罩。

2. 从业人员操作前手部应洗净,操作时应保持清洁。接触直接入口食品时,手部还应进行消毒。

3. 接触直接入口食品的操作人员在有下列情形时应洗手:

(1)处理食物前。

(2)上厕所后。

(3)处理生食物后。

(4)处理弄污的设备或饮食用具后。

(5)咳嗽、打喷嚏或擤鼻子后。

(6)处理动物或废物后。

(7)触摸耳朵、鼻子、头发、口腔或身体其他部位后。

(8)从事任何可能会污染双手的活动(如处理货项、执行清洁任务）后。

4. 非接触直接入口食品的操作人员，在有下列情形时应洗手：

（1）开始工作前。

（2）上厕所后。

（3）处理弄污的设备或饮食用具后。

（4）咳嗽、打喷嚏或擤鼻子后。

（5）处理动物或废物后。

（6）从事任何（其他）可能会污染双手的活动后。

5. 专间操作人员进入专间时应再次更换专间内专用工作衣帽并佩戴口罩，操作前双手严格进行清洗消毒，操作中应适时地消毒双手。不得穿戴专间工作衣帽从事与专间内操作无关的工作。

6. 个人衣物及私人物品不得带入食品处理区。

7. 不得在食品处理区内吸烟、饮食或从事其他可能污染食品的行为。

8. 进入食品处理区的非加工操作人员，应符合现场操作人员卫生要求。

四、从业人员工作服管理制度

为规范学校及托幼机构食堂餐饮服务从业人员个人卫生管理，保障学生和教职员工餐饮安全，根据《食品安全法》《食品安全法实施条例》《餐饮服务食品安全监督管理办法》等法律、法规及规章，制订本管理制度。

1. 所有从业人员上班时间必须统一着学校及托幼机构配发的工作服。个人不得擅自改变工作服式样。

2. 工作服（包括衣、帽、口罩）宜用白色或浅色布料制作，专间工作服宜从颜色或式样上予以区分。

3. 工作服应定期更换，保持清洁。接触直接入口食品的从业人员的工作服应每天更换。

4. 从业人员上厕所前应在更衣室内脱去工作服。

5. 待清洗的工作服应远离食品处理区,并放置在专门的存衣筐内。

6. 每名从业人员不得少于2套工作服。

五、食品进货查验记录管理制度

为规范食品采购索证索票、进货查验和采购记录行为,保障学生和教职员工餐饮安全,根据《食品安全法》《食品安全法实施条例》《餐饮服务食品安全监督管理办法》等法律、法规及规章,制订本管理制度。

1. 指定经培训合格的专(兼)职人员负责食品、食品添加剂及食品相关产品采购索证索票、进货查验和采购记录。专(兼)职人员应当掌握餐饮服务食品安全法律知识、餐饮服务食品安全基本知识以及食品感官鉴别常识。

2. 采购食品、食品添加剂及食品相关产品,应当到证照齐全的食品生产经营学校及托幼机构或批发市场采购,并应当索取、留存有供货方盖章(或签字)的购物凭证。购物凭证应当包括供货方名称、产品名称、产品数量、送货或购买日期等内容。长期定点采购的,与供应商签订包括保证食品安全内容的采购供应合同。

3. 从生产加工单位或生产基地直接采购时,应当查验、索取并留存加盖有供货方公章的许可证、营业执照和产品合格证明文件复印件;留存盖有供货方公章(或签字)的每笔购物凭证或每笔送货单。

4. 从流通经营单位(商场、超市、批发零售市场等)批量或长期采购时,应当查验并留存加盖有公章的营业执照和食品流通许可证等复印件;留存盖有供货方公章(或签字)的每笔购物凭证或每笔送货单。

5. 从流通经营单位(商场、超市、批发零售市场等)少量或临时采购时,应当确认其是否有营业执照和食品流通许可证,留存盖有供货方公章(或签字)的每笔购物凭证或每笔送货单。

6. 从农贸市场采购的,应当索取并留存市场管理部门或经营户出具的加盖公章(或签字)的购物凭证;从个体工商户采购的,应当查验并留存供应者盖章(或签字)的许可证、营业执照或复印件、购物凭证和每笔供应清单。

7. 从食品流通经营单位(商场、超市、批发零售市场等)和农贸市场采购畜禽肉类的,应当查验动物产品检疫合格证明原件;从屠宰企业直接采购的,应当索取并留存供货方盖章(或签字)的许可证、营业执照复印件和动物产品检疫合格证明原件。

8. 采购乳制品的,应当查验、索取并留存供货方盖章(或签字)的许可证、营业执照、产品合格证明文件复印件。

9. 批量采购进口食品、食品添加剂的,应当索取口岸进口食品法定检验机构出具的与所购食品、食品添加剂相同批次的食品检验合格证明的复印件。

10. 采购集中消毒企业供应的餐饮具的,应当查验、索取并留存集中消毒企业盖章(或签字)的营业执照复印件、盖章的批次出厂检验报告(或复印件)。

11. 食品、食品添加剂及食品相关产品采购入库前,餐饮服务提供者应当查验所购产品外包装、包装标识是否符合规定,与购物凭证是否相符,并建立采购记录。采购记录应当如实记录产品的名称、规格、数量、生产批号、保质期、供应单位名称及联系方式、进货日期等。

12. 按产品类别或供应商、进货时间顺序整理、妥善保管索取的相关证照、产品合格证明文件和进货记录,不得涂改、伪造,其保存期限不得少于 2 年。

六、食品贮存管理制度

为规范食品、食品添加剂和食品相关产品贮存管理，保障学生和教职员工餐饮安全，根据《食品安全法》《食品安全法实施条例》《餐饮服务食品安全监督管理办法》等法律、法规及规章，制定本管理制度。

1. 贮存场所、容器、工具和设备应当安全、无害，保持清洁，设置纱窗、防鼠网、挡鼠板等有效防鼠、防虫、防蝇、防蟑螂设施，不得存放有毒、有害物品及个人生活用品。

2. 食品和非食品(不会导致食品污染的食品容器、包装材料、工具等物品除外)库房应分开设置。同一库房内贮存不同性质食品和物品的应区分存放区域，不同区域应有明显的标识。

3. 食品应当分类、分架存放，距离墙壁、地面均在 10 cm 以上，并定期检查，使用应遵循先进先出的原则，变质和过期食品应及时清除。

4. 冷藏、冷冻柜(库)应有明显区分标识，设可正确指示温度的温度计，定期除霜(不得超过 1 cm)、清洁和保养，保证设施正常运转，符合相应的温度范围要求。

5. 冷藏、冷冻贮存应做到原料、半成品、成品严格分开，植物性食品、动物性食品和水产品分类摆放。不得将食品堆积、挤压存放。

6. 散装食品应盛装于容器内，在贮存位置标明食品的名称、生产日期、保质期、生产者名称及联系方式等内容。

7. 除冷库外的库房应有良好的通风、防潮设施。

七、粗加工切配餐饮安全管理制度

为规范餐饮服务粗加工、切配工作管理，保障学生和教职员工餐饮安全，根据《食品安全法》《食品安全法实施条例》《餐饮服务食品安全监督管理办法》等法律、法规及规章，制订本管理制度。

1. 加工前应认真检查待加工食品，发现有腐败变质迹象或者其他感官性状异常的，不得加工和使用。

2. 食品原料在使用前应洗净，动物性食品、植物性食品、水产品应分池清洗，禽蛋在使用前应对外壳进行清洗，必要时消毒处理。

3. 植物性食品原料要按“一择、二洗、三切”的顺序操作，彻底浸泡清洗干净，做到无泥沙、杂草、烂叶。

4. 食品原料的加工和存放要在相应位置进行，不得混放和交叉使用，加工动物性食品、植物性食品、水产品的操作台、用具和容器要有明显标志并分开使用。

5. 切配好的半成品应避免污染，与原料分开存放，并应根据性质分类存放。已盛装食品的容器不得直接置于地上。

6. 切配好的食品应在规定时间内使用。易腐烂变质食品应尽量缩短在常温下的存放时间，加工后应及时使用或冷藏。

7. 加工结束及时拖清地面，水池、操作台、工用具、容器及所用机械设备清洗干净，定位存放，做到刀不锈、板不霉、整齐有序，及时清理垃圾，保持室内清洁卫生。

8. 在专用洗拖布池或洗拖布桶内涮洗拖布。不得在加工清洗食品原料的水池内清洗拖布。

八、烹调加工餐饮安全管理制度

为规范餐饮服务烹调加工管理，保障学生和教职员工餐饮安全，根据《食品安全法》《食品安全法实施条例》《餐饮服务食品安全监督管理办法》等法律、法规及规章，制订本管理制度。

1. 烹调前应认真检查待加工食品，发现有腐败变质或者其他感官性状异常的，不得进行烹调加工。用水水质应符合 GB 5749

《生活饮用水卫生标准》规定。

2. 需要熟制加工的食品应当烧熟煮透，其加工时食品中心温度应不低于 70℃。油炸食品要防止外焦里生，油炸食品时避免温度过高、时间过长；随时清除煎炸油中漂浮的食物碎屑和底部残渣，煎炸食用油要每天更换，不得连续反复煎炸使用。

3. 使用的食品添加剂必须符合《食品添加剂使用卫生标准》，应严格按照标识上标注的使用范围、使用量和使用方法使用食品添加剂，禁止超范围、超剂量滥用食品添加剂。使用完后，由专人专柜保存。

4. 烹调后至食用前需要较长时间(超过 2 小时)存放的食品，应当在高于 60℃或低于 10℃的条件下存放。需要冷藏的熟制品，应在清洁操作区凉透后及时冷藏，并标注加工时间等。

5. 隔餐、隔夜熟制品、外购熟食品必须在食用前充分加热煮透。不得将回收后的食品经加工后再次销售。

6. 用于原料、半成品、成品的各种工具、容器标识明显，分开使用，定位存放，保持清洁。加工后的直接入口食品要盛放在消毒后的容器或餐具内，不得使用未经消毒的餐具和容器。

7. 灶台、抹布要随时清洗，保持干净。不用抹布擦拭已消毒的碗碟，滴在碟边的汤汁用消毒布擦净。按规定处理废弃油脂，及时清理抽油烟机罩。

8. 工作结束后，调料品加盖，工具、用具洗刷干净，定位存放；灶上、灶下地面清洗冲刷干净，不留残渣、油污，不留卫生死角，及时清除垃圾。

九、面点加工餐饮安全管理制度

为规范餐饮服务面点加工管理，保障学生和教职员工餐饮安全，根据《食品安全法》《食品安全法实施条例》《餐饮服务食品安全监督管理办法》等法律、法规及规章，制订本管理制度。

1. 加工前应认真检查各种食品原料，发现有腐败变质或者其他感官性状异常的，不得进行加工。

2. 未用完的点心馅料、半成品，应冷冻或冷藏，并在规定存放期限内使用。

3. 各种工具、用具、容器生熟分开使用，用后清洗干净，定位存放。各种熟食面点改刀要在专用的熟食板上进行，不得在面案上直接改刀。

4. 当餐未用完的面点，应妥善保存，糕点存放在专用柜内，水分含量较高的含奶、蛋的点心应当在10℃以下或60℃以上的温度条件下贮存，注意生熟分开保存。

5. 使用的食品添加剂必须符合《食品添加剂使用卫生标准》，应严格按照标识上标注的使用范围、使用量和使用方法使用食品添加剂，禁止超范围、超剂量滥用食品添加剂。使用完后，由专人专柜保存。

6. 各种食品加工用具、设备如面板、面案、容器、绞肉机、馒头机、豆浆机、和面机、面条机等，用后及时清洗干净，定期消毒。各种用品如盖布、笼布、抹布等要洗净、晒干备用。

7. 加工结束后及时清理面点加工场所，做到地面无污物、残渣，用具、设备清洁。各种容器、用具、刀具等清洗干净后定位存放。

十、裱花加工餐饮安全管理制度

为规范餐饮服务裱花加工制作，保障学生和教职员工餐饮安全，根据《食品安全法》《食品安全法实施条例》《餐饮服务食品安全监督管理办法》等法律、法规及规章，制订本管理制度。

1. 加工前应认真检查待加工的食品及原料，发现有腐败变质或者其他感官性状异常的，不得进行加工。

2. 固定专人加工制作，其他人员不得随意进出裱花间，裱花间工作人员进入专间前应二次更衣、洗手消毒，工作时应戴口罩。

3. 其他人员不得随意进出裱花间，个人生活用品及杂物不得带入裱花间。不得在专间内从事与裱花制作无关的活动。

4. 专间每餐（或每次）使用前应进行空气和操作台的消毒。使用紫外线灯消毒的，应在无人工作时开启 30 分钟以上，开启空调，使室内温度不超过 25℃，并做好记录。

5. 鲜蛋应清洗（必要时消毒）后再使用，冰蛋根据使用数量融化，当天融化、当天使用、当天用完。奶油要专柜低温保存。

6. 裱花间的设备、工具、容器必须专用，用前消毒，操作过程中注意清洗、消毒，防止交叉污染，用后应洗净并保持清洁。

7. 蛋糕胚应在专用冰箱中贮存，贮存温度 10℃以下。植脂奶油裱花蛋糕储藏温度在（3±2）℃，蛋白裱花蛋糕、奶油裱花蛋糕、人造奶油裱花蛋糕贮存温度不得超过 20℃。

8. 裱浆和新鲜水果（经清洗消毒）应当天加工、当天使用。

9. 使用的食品添加剂必须符合《食品添加剂使用卫生标准》，应严格按照标识上标注的使用范围、使用量和使用方法使用食品添加剂，禁止超范围、超剂量滥用食品添加剂。使用完后，由专人专柜保存。

10. 加工结束后，做好设备、工具、容器的清洗消毒，清理室内卫生，打开紫外线灯 30 分钟进行空气消毒。

十一、现榨饮料管理制度

为规范现榨饮料安全管理，保障学生和教职员工餐饮安全，根据《食品安全法》《食品安全法实施条例》《餐饮服务食品安全监督管理办法》等法律、法规及规章，制订本管理制度。

1. 现榨饮料是指以新鲜水果、蔬菜及谷类、豆类等杂粮为原料，在符合食品安全要求的条件下，现场制作的供消费者直接饮用的非定型包装饮品。分为现榨果蔬汁和现榨杂粮饮品，现榨杂粮饮品应烧熟煮透后方可供应。

2. 制售现榨饮料，应设置布局合理的现榨饮料专用操作场所，配备无毒、无害且符合食品安全要求的现榨饮料专用设备、工用具，并由专人加工制作。

3. 现榨饮料操作人员在操作前应穿戴清洁的工作衣帽，洗手并进行手部消毒；操作时应佩戴一次性口罩；操作中如接触其他不洁物品后应立即洗手消毒。

4. 现榨饮料果蔬必须新鲜，无腐烂、无霉变、无虫蛀、无破损等。杂粮及其制品必须无霉变、无虫蛀、无腐败变质、无杂质等。现榨饮料不得使用非食品原料；不得使用食品添加剂；不得使用回收的食品做原料。

5. 现榨饮料使用的水应符合《生活饮用水卫生标准》，添加的冰块应符合 GB2759.1《冷冻饮品卫生标准》要求。

6. 饮料现榨应严格进行原料清洁整理，未经清洗处理的果蔬和杂粮不得使用，在压榨前应再次检查待加工的原辅料，发现有感官性状异常的，不得加工使用。

7. 饮料现榨操作前，应检查设备、工用具的清洁状况，现榨饮料的设备、工用具在每餐次使用前应消毒，用后应洗净并在专用保洁设施内存放。使用过程中更换榨汁品种时，接触食品的设备必须洗净、消毒。

8. 现榨饮料应存放于加盖的容器中，加工后至食用的间隔时间不得超过 2 小时，不得供应腐败变质、酸败、霉变生虫、混有异物、掺杂使假、隔顿、隔夜或者感官性状异常的现榨饮料。

十二、食品留样管理制度

为规范餐饮服务食品留样工作，保障学生和教职员工餐饮安全，根据《食品安全法》《食品安全法实施条例》《餐饮服务食品安全监督管理办法》等法律、法规及规章，制订本管理制度。

1. 每餐次的食品均应留样，以便于必要时检验。

2. 留样的采集和保管必须有专人负责，配备经消毒的专用取样工用具和样品存放的专用冷藏箱。食品留样冰箱为专用设备，严禁存放与留样食品无关的物品。

3. 留样的食品样品应采集在操作过程中或加工终止时的样品，不得特殊制作。

4. 原则上留样食品应包括所有加工制作的食品成品，其他情况可根据需要由监管部门或餐饮服务提供者自行决定留样品种。

5. 留样食品应按品种分别盛放于清洗消毒后的密闭专用容器内，防止样品之间污染；在冷藏条件下存放 48 小时以上，每个品种留样量应满足检验需要，不少于 100 g。

6. 留样食品取样不得被污染，贴好食品标签，待留样食品冷却后，放入专用冷藏箱内，并做好留样记录，包括留样日期、时间、品名、餐次、留样人。

7. 一旦发生食物中毒或疑似食物中毒事故，应及时提供留样样品，配合监管部门进行调查处理，不得影响或干扰事故的调查处理工作。

十三、餐饮具清洗消毒保洁管理制度

为规范餐饮服务餐饮具清洗消毒保洁工作，保障学生和教职员工餐饮安全，根据《食品安全法》《食品安全法实施条例》《餐饮服务食品安全监督管理办法》等法律、法规及规章，制订本管理制度。

1. 设置专用的餐饮具清洗、消毒、保洁区域(或专间)及设备，清洗消毒设备设施的大小和数量应能满足需要。

2. 餐饮具清洗消毒水池应专用，与食品原料、清洁用具及接触非直接入口食品的工具、容器清洗水池分开。采用化学消毒的，应至少设有3个专用水池。各类水池应以明显标识标明其用途。

3. 接触直接入口食品的餐饮具使用前应洗净并消毒，不得使用未经清洗、消毒的餐饮具。不得重复使用一次性餐饮具。

4. 餐饮具做到当餐回收，当餐清洗消毒，不得隔顿、隔夜。

5. 餐饮具应首选热力方法进行消毒，严格按照“除残渣、碱水(或洗涤剂)刷、清水冲、热力消、保洁”的顺序操作。使用化学药物消毒的严格按照除残渣、碱水(或洗涤剂)刷、清水冲、药物泡、清水冲、保洁的顺序操作，并注意要彻底清洗干净，防止药物残留。

6. 消毒后的餐饮具表面光洁、无油渍、无水渍、无异味、无泡沫、无不溶性附着物，符合GB14934《食(饮)具消毒卫生标准》。

7. 消毒后的餐饮具及时放入保洁柜密闭保存备用。盛放消毒餐饮具的保洁柜要有明显标记，保洁柜应当定期清洗，保持洁净。已消毒和未消毒的餐饮具要分开存放，保洁柜内不得存放其他物品。

8. 采购使用集中消毒企业供应的餐饮具，应当查验其经营资质，索取营业执照复印件、消毒合格凭证；清洗消毒餐饮具用的洗涤剂、消毒剂等必须符合国家有关卫生标准和要求。

9. 洗刷消毒结束，及时清理地面、水池卫生，及时处理泔水桶，做到地面无积水、池内无残渣、泔水桶内外清洁。

10. 定期检查消毒设备、设施是否处于良好状态，采用化学消毒的应定时测量有效消毒浓度。

11. 专人做好餐饮具清洗消毒及检查记录。

十四、食品用设备设施管理制度

为规范餐饮服务食品用设备、设施管理，保障学生和教职员工餐饮安全，根据《食品安全法》《食品安全法实施条例》《餐饮服务食品安全监督管理办法》等法律、法规及规章，制订本管理制度。

1. 食品处理区应按照原料进入、原料处理、半成品加工、成品供应的流程合理布局设备、设施，防止在操作中产生交叉污染。

2. 配备与食品品种、数量相适应的消毒、更衣、盥洗、采光、照明、通风、防腐、防尘、防蝇、防鼠、防虫、洗涤及处理废水、存放垃圾和废弃物的设备或设施。主要设施应易于维修和清洁。

3. 有效消除老鼠、蟑螂、苍蝇及其他有害昆虫及其滋生条件。加工与用餐场所（所有出入口），设置纱门、纱窗、门帘或空气幕，如木门下端设金属防鼠板，排水沟、排气、排油烟出入口应有网眼孔径小于 6 mm 的防鼠金属隔栅或网罩，距地面 2 m 高度可设置灭蝇设施。

4. 配置方便使用的从业人员洗手设施，附近设有相应清洗、消毒用品、干手设施和洗手消毒方法标示。宜采用脚踏式、肘动式或感应式等非手动式开关或可自动关闭的开关。

5. 食品处理区应采用机械排风、空调等设施，保持良好通风，及时排除潮湿和污浊空气。

6. 用于加工、贮存食品的工用具、容器或包装材料和设备应当符合食品安全标准，无异味、耐腐蚀、不易发霉。食品接触面原则上不得使用木质材料（工艺要求必须使用除外），必须使用木质材料的工具，应保证不会对食品产生污染。

7. 各功能区和食品原料、半成品、成品操作台、刀具、砧板等工用具，应分开定位存放使用，并有明显标识。

8. 贮存、运输食品，应具有符合保证食品安全所需要求的设备、设施，配备专用车辆和密闭容器，远程运输食品须使用符合要求的专用封闭式冷藏(保温)车。每次使用前应进行有效的清洗消毒,不得将食品与有毒、有害物品一同运输。

9. 应当定期维护食品加工、贮存、陈列、消毒、保洁、保温、冷藏、冷冻等设备与设施,校验计量器具,及时清理清洗,必要时消毒,确保正常运转和使用。

10. 用于食品加工操作的设备、设施不得用作与食品加工无关的用途。

十五、餐厅食品安全管理制度

为规范餐厅食品安全管理,保障学生和教职员工餐饮安全,根据《食品安全法》《食品安全法实施条例》《餐饮服务食品安全监督管理办法》等法律、法规及规章,制订本管理制度。

1. 保持餐厅环境整洁。纱窗、纱门、纱罩、门帘、风幕、灭蝇灯等设施运转正常,鼠、蝇、蟑螂、蚊子密度不得超过国家有关要求。保证供用餐者使用的洗手设施运转正常。

2. 必须使用消毒后的餐饮具,未经消毒的餐饮具不得摆台上桌。做好台面调料、牙签、台布、餐巾、餐具等清洁卫生工作,及时更换破损的调料盒、台布、餐巾、餐饮具等。

3. 供客人自取的调料,应当符合相应的食品卫生标准和要求。并做到及时更换,防止过期、霉变。

4. 摆台后或有顾客就餐时不得清扫地面,餐具摆台超过当次就餐时间尚未使用的应收回保洁。

5. 端菜时手指不得接触食品,分菜工具不接触客人餐具。

6. 取冰块时应用工具,不用时应悬挂或放置于消毒水内。制冰机用水应经过净化处理。

7. 客人用的小毛巾,必须及时回收清洗消毒,最好使用一次性消毒毛巾。

8. 刀、叉、茶杯、酒杯等不得用台布或抹布擦拭。

9. 食品上桌距开餐时间不超过 2 小时。

10. 当发现或被顾客告知所提供的食品确有感官性状异常或可疑变质时，应立即撤换该食品，并同时告知有关备餐人员，备餐人员要立即检查被撤换的食品和同类食品，做出相应处理，确保供餐安全。

11. 备餐柜内不得放置与开餐无关的物品及个人用品。工作结束后及时做好台面、地面等的清扫整理工作。

十六、食品安全检查管理制度

为规范餐饮服务食品安全检查管理，保障学生和教职员工餐饮安全，根据《食品安全法》《食品安全法实施条例》《餐饮服务食品安全监督管理办法》等法律、法规及规章，制订本管理制度。

1. 依照法律、法规和食品安全标准从事餐饮服务活动，采取有效管理措施，保证食品安全，按照许可范围依法经营，并在就餐场所醒目位置悬挂或者摆放餐饮服务许可证，接受社会监督，承担主体责任。

2. 建立本学校及托幼机构食品安全管理组织机构，配备专职或者兼职经过培训合格的食品安全管理员，对餐饮服务全过程实施内部检查管理并记录，落实责任到人，严格落实监管部门的监管意见和整改要求。

3. 食品安全管理员须认真按照职责要求，组织落实管理人员和从业人员食品安全知识培训、员工健康管理、索证索票、餐饮具清洗消毒、综合检查、设备管理、环境卫生管理等各项食品安全管理制度。

4. 制订定期或不定期食品安全检查计划，采取全面检查、抽查与自查相结合的形式，实行层层监管，主要检查各项制度的贯彻落实情况。

5. 食品安全管理员每天在操作加工时段至少进行一次食品安

全检查，检查各岗位是否有违反制度的情况，发现问题，及时告知改进，并做好食品安全检查记录备查。

6. 各岗位负责人、主管人员要服从食品安全管理员检查指导，每天开展岗位或部门自查，及时发现和纠正从业人员违反制度要求操作的行为。

7. 食品安全管理员每周1～2次对各环节进行全面现场检查，发现问题及时反馈，并提出限期改进意见，做好检查记录。

8. 检查中发现的同一类问题经两次指出仍未改进的，按本学校及托幼机构有关规定处理。

9. 各种检查结果记录归档备查。

十七、食品添加剂管理制度

为规范食品添加剂安全管理，保障学生和教职员工餐饮安全，根据《食品安全法》《食品安全法实施条例》《餐饮服务食品安全监督管理办法》等法律、法规及规章，制订本管理制度。

（一）专店购买

采购食品添加剂，应当到证照齐全的食品添加剂生产经营单位或市场采购，实行专店购买，并应当与供应商签订包括保证食品添加剂安全内容的采购供应合同。对采购的食品添加剂应当索取并留存许可证、营业执照、检验合格报告（或复印件）及购物凭证。购物凭证应当包括供应者名称、供应日期和产品名称、数量、金额等内容。采购进口食品添加剂的，应当索取口岸进口食品法定检验机构出具的与所购食品添加剂相同批次的食品检验合格证明的复印件。

（二）专账记录

建立食品添加剂专用采购台账。食品添加剂入库应当如实记录食品添加剂的名称、规格、数量、生产单位、生产批号、保质期、供应者名称及联系方式、进货日期等。

建立食品添加剂专用使用台账。食品添加剂出库使用应当如实记录食品添加剂的名称、数量、用途、称量方式、时间等，使用人应当签字确认。食品添加剂的购进、使用、库存，应当账实相符。

（三）专区存放

设立专区（或专柜）贮存食品添加剂，并注明“食品添加剂专区（或专柜）”字样。

（四）专器称量

配备专用天平等称量工具，严格按照包装标识标明的用途用量或国家规定的用途用量称量后使用，杜绝滥用和超量使用。

（五）专人负责

由专（兼）职人员负责食品添加剂采购。采购人员应当掌握餐饮服务食品安全法律和相关食品添加剂安全相关知识以及食品感官鉴别常识。餐饮服务单位主要负责人与负责食品添加剂采购和餐饮加工配料的人员分别签订责任书。

食品安全管理员、厨师长定期检查食品添加剂采购、索证索票、台账记录、贮存及使用等情况。

食品添加剂专用采购台账、使用台账及索取的相关证照、产品检验合格证明等要妥善保管，不得涂改、伪造，保存期限不得少于2年。

十八、食品添加剂和调味料公示管理制度

为规范食品添加剂和调味料公示管理工作，保障学生和教职员工餐饮安全，根据《食品安全法》《食品安全法实施条例》《餐饮服务食品安全监督管理办法》等法律、法规及规章，制定本管理制度。

1. 需要公示的食品添加剂和调味料包括加工过程中使用的所有食品添加剂，酱油、醋、盐、八角等各种香料。

2. 需要公示的食品添加剂和调味料基本信息包括品名、生产厂家、生产许可证编号、供货单位等。

3. 公示的基本信息要与实际使用的食品添加剂和调味料相符，不得提供虚假信息误导消费者。使用的食品添加剂和调味料有变化的要及时更换公示信息。

4. 采购的食品添加剂和调味料要专店采购、专账记录、专区存放、专器称量、专人负责，并按照有效期使用。严禁采购和使用无合法生产资质以及标签不规范的食品添加剂和调味料。

5. 公示栏应按照规定悬挂，便于学生和教职员工了解相关信息。

十九、学校及托幼机构副食店食品安全管理制度

为保证食品安全，保障学生和教职员工身体健康，根据《食品安全法》《食品安全法实施条例》等法律、法规及规章，制订本管理制度。

1. 保持店堂内外整洁，做到食品归店经营。

2. 卫生许可证要挂于醒目处，从业人员持有有效合格的健康证，经培训后上岗。

3. 食品分别类存放，食品与非食品分开存放，不出售有毒有害食品。

4. 不出售“四无”食品和未经检验或检验不合格的食品。

5. 保证食品外观清洁，如发现食品超过保质期、破损、鼠咬、受潮、生霉、生锈等要及时处理。

6. 销售直接入口食品要有专柜加罩，使用售货工具。

7. 及时清除垃圾箱内废物，搞好防尘、防蝇、防鼠工作。

8. 需要分装食品时，要使用清洁干净，符合卫生标准的包装材料，禁止使用废报纸、废刊物及其他物品包装食品。

9. 当发现经营的食品不符合食品安全标准时，立即停止经营，下架单独存放，通知相关食品生产经营者和消费者，并记录停止经营和通知情况，将有关情况报告当地食品药品监督管理部门。在接

到不合格食品退市通知后，及时按上述规定处理，并协助食品生产者执行食品召回制度。

10. 人员要穿戴清洁工作衣帽上岗，做到“四勤”，养成良好的个人卫生习惯。

二十、食品安全事故应急处置预案

为规范食物安全事故应急处置工作，及时高效、合理有序地处理食品安全事故，把损失减少到最小，根据《中华人民共和国突发事件应对法》《中华人民共和国食品安全法》《国家重大食品安全事故应急预案》《学校及托幼机构食物中毒事故行政责任追究暂行规定》等法律、法规和规章要求，结合本学校及托幼机构的实际情况，制订本预案。

（一）领导小组

成立食品安全事故应急处置领导小组，负责本学校及托幼机构食品安全事故应急处置工作。

组长：主管卫生副校长。

副组长：医务室（保健室）负责人、饮用水卫生管理负责人。

组员：专（兼）职卫生保健人员、食品安全管理人员和事件相关的各班班主任。

领导小组的主要职责：①启动学校及托幼机构食品安全事故应急响应；②领导、组织、协调事故应急处置工作；③负责事故应急处置事项的决策；④负责上报与事故相关的重要信息；⑤审议批准学校及托幼机构应急处置工作报告等；⑥向当地教育局、食品药品监督管理局和卫生部门报告事故救援情况。

（二）应急处置程序

1. 及时报告。发生食品安全事故后，有关人员应立即向食品安全事故应急处置领导小组报告；立即停止生产经营活动，封存导致或者可能导致食品安全事故的食品及其原料、工具及用具、设备设施和现场。

自事故发生之时起2小时内向所在地食品药品监督管理部门报告，报告内容：发生食品安全事故的学校及托幼机构、地址、时间、中毒人数及死亡人数、主要临床表现、可能引起中毒的食物等。并按照相关监管部门的要求采取控制措施。

2. 立即抢救。学校及托幼机构发生食品安全事故，应立即向就近医疗机构和卫生部门发出医疗求援，并拨打“120”医疗急救电话。及时果断将发病人员送到医院抢救。主动向医疗人员报告发病情况，做好秩序维护等工作。

3. 保护现场 。发生食品安全事故后，在向有关部门报告的同时要保护好现场和可疑食物：患者吃剩的食物要保留，不得销毁；食品用工具容器、餐具等要保持原样，不得冲洗；患者的排泄物（呕吐物、大便）要保留，不得倒掉；并提供留样食物。

4. 联系家长。学校及托幼机构发生食品安全事故，应及时与发病学生家长取得联系，如实说明发病情况，做好学生家长思想安抚，防止过激行为发生。设立家校联络处，及时解答家长提出的问题，力所能及地为家长做好服务工作。

5. 配合调查 。负责人及有关工作人员，要配合食品药品监督管理部门和卫生部门进行食品安全事故调查处理，如实反映食品安全事故情况。将患者所吃的食物，进餐总人数，同时进餐而未发病者所吃的食物，患者中毒的主要特点，可疑食物的来源、质量、存放条件、加工烹调的方法和加热的温度、时间等情况如实向有关部门反映。

6. 无条件执行。学校及托幼机构发生食品安全事故，应无条件执行食品药品监督管理部门为控制食物中毒扩散及查明食物中毒原因所采取的措施。

（三）事故责任追究

学校及托幼机构发生食物中毒事故需要追究学校及托幼机构行政责任的，应当按以下原则，分别追究学校及托幼机构主要领导、主管领导和直接责任人的行政责任。发生一般学校及托幼机构食物中毒事故，中毒人数少于29人的，追究直接管理人的责任。发生一般学校及托幼机构食物中毒事故，中毒人数在30人及以上的，追究直接管理责任人的责任，但直接管理责任人在事故发生前已将学校及托幼机构未履行食品卫生职责情况书面报告学校及托幼机构主管领导，而学校及托幼机构主管领导未采取措施的，由学校及托幼机构主管领导承担责任。发生较大学校及托幼机构食物中毒事故，追究直接管理责任人和学校及托幼机构主管领导的责任。发生重大学校及托幼机构食物中毒事故，追究直接管理责任人、学校及托幼机构主管领导和学校及托幼机构主要领导的责任。

第十节　学校健康教育管理制度

为认真落实《学校卫生工作条例》《中共中央国务院关于加强青少年体育增强青少年体质的意见》《国家卫生城市标准》《中小学健康教育指导纲要》《学校健康教育评价方案》，切实抓好学校健康教育工作，有效保障学生健康成长，特制订本制度。

1. 学校成立由校长负责的学生健康发展中心，由心理辅导老师、卫生老师、体育老师和生命科学（自然科学）等相关学科老师组成的健康教育组，把健康教育纳入学校教育教学管理体系，切实落实课程教学和教育的工作任务。

2. 学校各个部门必须按照学校教育教学管理的要求，做到健康教育学期初有计划、学期结束有总结，管理有组织、工作有章程、人员有保障、教学有教案、过程有检查、目标有落实，学生有听课笔记、记分册、成绩单，同其他科参加期中、期末考试，切实保障教学质量，并抓好痕迹资料的收集与保存。

3. 学校健康教育重点落实以下5项内容：健康行为与生活方式、疾病预防、心理健康、生长发育与青春期保健、安全应急与避险。

4. 学校要通过学科教学和班会、团会、校会、升旗仪式、专题讲座、墙报、板报等多种宣传教育形式开展健康教育。学科教学每学期应安排 6～7 课时，主要载体课程为《体育与健康》《品德与生活》《生物》等。要将课程教学、健康活动、健康咨询与健康行为指导有机结合，统筹抓好学校健康教育工作。

5. 学校要重视健康教育师资建设，重视健康教育教学研究工作，加强教学资源建设，重视对健康教育的评价和督导，要注意健康教育与其他相关教育，如安全教育、心理健康教育有机结合，把课堂内教学与课堂外教学活动结合起来，发挥整体教育效应。要将健康教育教学、健康环境创设、健康服务提供有机结合，为学生践行健康行为提供支持。

6. 学校应按要求设立卫生室（保健室），配备专职或兼职卫生专业技术人员或保健教师。重点做好近视眼、弱视、沙眼、龋齿、寄生虫、营养不良、贫血、脊柱弯曲、神经衰弱等学生常见疾病和传染病的防治工作。

7. 学校应配备健康教育相关教材教具，教室采光照明与黑板、课桌椅、饮水与洗漱设施、厕所设施、教学用房与宿舍、校园卫生等应符合国家相关要求。

8. 学校应每年组织开展 1 次学生体检工作，建立健全学生健康档案，并根据体检分析报告，有针对性地抓好健康教育工作。

9. 学校要督促学生搞好个人卫生，学生头发与指甲、面部与衣着应符合有关要求。要组织学生积极进行体育锻炼，确保学生每天锻炼 1 小时。要制订并落实科学规范的学生作息制度，保证小学生每天睡眠 10 小时，初中学生 9 小时，高中学生 8 小时。

10. 学校应保障健康教育开课率达 100%，学生健康教育缺课率控制在 5‰以内，学生健康行为实际操作合格率达 90%，学校每年组织健康知识传播活动达 20 次，确保学生健康知识知晓率≥80%，14 岁以下儿童蛔虫感染率≤3%。学校每年开展 1 次健康教育自我评价并达到优良等次。

第三章　学校传染病防控风险隐患排查与整治

我国《学校卫生工作条例》第十七条规定“学校应当认真贯彻执行传染病防治法律、法规，做好急、慢性传染病的预防和控制管理工作，同时做好地方病的预防和控制管理工作”。

学校传染病防控风险管理的目的是及时发现学校传染病，有效预防学校突发公共卫生事件的发生，降低学校突发公共卫生事件风险隐患，保障广大师生身心健康和生命安全。

第一节　学校传染病登记和报告

青少年儿童是传染病的好发人群，学校是传染病的集散场所。每天学生从四面八方汇集到学校，由于他们的免疫功能尚不完善，抵御各种传染病的能力较弱，一旦传染病发生，易于传播和流行，并可能扩散到家庭和社会。因此，学校、卫生部门应密切配合，及早采取有力的防控措施，对学生中的传染病做到早发现、早诊断、早报告、早隔离、早治疗，有效防控学校传染病，保护学生的身体健康，维护学校正常的教学秩序。

一、学校疫情报告人的设置要求

1. 工作认真负责，责任心强。

2. 了解传染病防控相关知识，专（兼）职卫生保健人员优先考虑。

3、必须为学校或者托幼机构的在编人员。

二、学校疫情报告人职责

1. 在校长的领导下，具体负责本单位传染病疫情和疑似传染病疫情等突发公共卫生事件报告工作。

2. 协助本单位建立、健全传染病疫情等突发公共卫生事件监测、发现及报告相关工作制度及工作流程。

3. 定期对全校（托幼机构）学生的出勤、健康情况进行巡查。

4. 负责指导全校（托幼机构）学生的晨检工作。

三、学校传染病疫情监测与报告

（一）要求

学校、托幼机构必须建立健全各项传染病登记、报告制度，传染病登记、报告率达到100%。

（二）基本内容

1. 建立传染病登记、报告制度。

各类学校和托幼机构应当建立由学生到教师、到学校疫情报告人、到学校（托幼机构）领导的传染病疫情发现、信息登记与报告制度。

2. 学校和托幼机构传染病疫情监测。

学校和托幼机构应当建立学生晨检、因病缺勤病因追查与登记制度。学校和托幼机构的老师发现学生有传染病早期症状、疑似传染病患者以及因病缺勤等情况时，应及时报告给学校疫情报告人。学校疫情报告人应及时进行排查，并将排查情况记录在学生因病缺勤、传染病早期症状、疑似传染病患者患病及病因排查结果登记日志上。

（1）晨检应在学校疫情报告人的指导下进行，由班主任或班级卫生员对早晨到校的每个学生进行观察、询问，了解学生出勤、健康状况。发现学生有传染病早期症状（如发热、皮疹、腹泻、呕吐、黄疸等）及疑似传染病患者时，应当及时告知学校疫情报告人，学校疫情报告人要进行进一步排查，以确保做到对传染病患者的早发现、早报告。

（2）班主任应当密切关注本班学生的出勤情况，对于因病缺勤的学生，应当了解学生的患病情况和可能的病因，如有怀疑，要及时报告给学校疫情报告人。学校疫情报告人接到报告后应及时追查学生的患病情况和可能的病因，以做到对传染病患者的早发现。

3. 传染病登记与报告。

（1）传染病登记和报告：当学校和托幼机构发现传染病或疑似传染病患者时，学校疫情报告人应当立即报出相关信息并做好登记。

①责任疫情报告人发现甲类传染病和乙类传染病中的肺炭疽、传染性非典型肺炎、脊髓灰质炎的患者或疑似患者时，或发现其他传染病和不明原因疾病暴发时，在 2 小时内报告并做好登记。②对其他乙类、丙类传染病患者、疑似患者和规定报告的传染病病原携带者在得知诊断结果后，应于 24 小时内报告并做好登记。③个别学生出现不明原因的高热、呼吸急促或剧烈呕吐、腹泻等症状时，学校疫情报告人应当在 24 小时内报出相关信息。

（2）聚集性疫情的登记与报告：①在同一宿舍或者同一班级，1 天内有 3 例或连续 3 天内有多个学生（5 例以上）患病，并有相似症状（如发热、皮疹、腹泻、呕吐、黄疸等）或者共同用餐、饮水史时，学校疫情报告人应当在 24 小时内报出相关信息并做好登记。②学校发生群体性不明原因疾病或其他突发公共卫生事件时，学校疫情报告人应当在 24 小时内报出相关信息并做好登记。

（3）学校常见传染病预警标准、登记与报告：①一周内一个班，甲肝、戊肝、伤寒和副伤寒、流脑、麻疹发生 2 例，或者痢疾、猩红热、风疹、流行性腮腺炎、手足口病、水痘 3 例，或者流感、感染性腹泻、其他上呼吸道感染发生，或者食源性和水源性疾病发生 10 例时。②一周内一个学校，流脑、麻疹、甲肝、戊肝、伤寒和副伤寒发生 2 例，痢疾、猩红热、风疹、流行性腮腺炎、手足口病、水痘发生 5 例，感染性腹泻发生 10 例，流感、食源性和水源性疾病、其他上呼吸道感染发生 15 例时。符合上述预警标准时按《湖北省学校和托幼机构常见传染病预警工作方案（试行）》要求报告并做好登记。

（4）暴发疫情的登记与报告：其他符合突发公共卫生事件报告标准的传染病暴发疫情，按《突发公共卫生事件信息报告管理规范》要求报告并做好记录。

4. 疫情报告方式。

当出现上述情况时，学校疫情报告人应当立即向校长报告，经确认后以最快捷的通讯方式（电话、传真等）向属地疾病预防控制机构（农村学校向乡镇卫生院防保组）报告，同时，向属地教育行政部门报告。

四、学校传染病患者的追踪与管理

（一）要求

对确诊或疑似的传染病患者，跟踪随访率达到 100%，传染期隔离率达到 100%。

（二）内容

1. 建立学生传染病追踪、随访制度。

2. 对确诊或疑似传染病的学生登记、追踪随访。

3. 对确诊或疑似传染病的学生开展跟踪随访，对患病学生及家长开展健康宣传。

4. 根据防病要求对患病学生在校期间的活动场所开展消、杀、灭工作。

5. 严格按传染病隔离期限隔离治疗，痊愈后经医院开具证明方能返校。

第二节　学生健康监测与管理

青少年儿童处于身心发育的重要阶段，了解其健康状况、体质素质及动态变化趋势，对其进行科学健康管理，对于提高其个人健康水平与身体素质有非常重要的作用。同时，了解学校学生群体健康水平，各种常见病如超重、肥胖、营养不良、视力低下、龋齿等发病情况，对于制定针对性的防治措施具有重要的指导意义，因此国家要求对于青少年儿童定期开展健康体检和体质监测工作，并加强青少年健康档案管理，以促进青少年儿童健康成长。

一、托幼儿童健康体检

（一）健康体检制度

1. 建立健康检查制度，开展托幼儿童定期健康检查工作，建立健康档案。

2. 儿童入托幼机构前应当经医疗卫生机构进行健康检查，合格后方可进入托幼机构。

3. 加强日常保育护理工作，对体弱儿进行专案管理。

4. 儿童离开托幼机构 3 个月以上应当进行健康检查后方可再次入托幼机构。

5. 医疗卫生机构应当按照规定的体检项目开展健康检查，不得违反规定擅自改变。

（二）体检项目

1. 病史询问：包括既往病史、过敏史、膳食与运动情况。

2. 体格测量：体重、身高。

3. 五官科检查：包括视力、听力、口腔。

4. 外科检查：包括头部、胸部、脊柱、四肢等。

5. 内科检查：包括心脏、肺、肝脏等。

6. 辅助检查：包括血红蛋白、丙氨酸氨基转移酶。

（三）体检机构与场地

1. 体检服务由基层医疗卫生服务机构（乡镇卫生院/社区卫生服务中心）提供。

2. 散居儿童在居住地所属基层医疗卫生机构体检。

3. 集体儿童由基层医疗卫生机构到托幼机构集中体检。

（四）健康指导

1. 根据体检结果，基层医疗卫生机构为儿童提供合理膳食、心理行为发育、意外伤害预防、口腔保健、中医保健、常见疾病防治等健康指导。

2. 对健康体检中发现的有营养不良、贫血、单纯性肥胖等情况的儿童应当分析其原因，给出指导或转诊的建议。对口腔发育异常（唇腭裂、高腭弓、诞生牙）、龋齿、视力低常或听力异常儿童及时转诊。

二、学生健康体检

（一）健康体检制度

1. 组织所有入学新生进行健康体检，建立健康档案。

2. 在校学生每年进行一次常规健康体检。

3. 每次体检结果均纳入学校健康档案，进行可持续化管理。

4. 健康体检由学校教务部门、校医院（医务室）、学工部门、辅导员（班主任）协助体检机构组织实施。

（二）体检项目

1. 病史询问。

2. 形体指标检查：身高、体重。

3. 眼科检查：视力、沙眼、结膜炎。

4. 口腔科检查：牙齿、牙周。

5. 内科常规检查：心、肺、肝、脾。

6. 外科检查：头部、颈部、胸部、脊柱、四肢、皮肤、淋巴结。

7. 生理功能指标检查：血压。

8. 实验室检查：

(1)结核菌素试验。小学、初中入学新生必检项目。

(2)肝功能：谷丙转氨酶、胆红素。寄宿制学生必要时到符合规定的医疗机构进行体检。

其他项目应根据国家相关法律、法规、规定所要求开展的检查项目或根据地方具体情况，进行适当增补，涉及实验室和影像学检查必须在医疗机构内完成。

(三)体检机构

1. 具有法人资格、持有有效的《医疗机构执业许可证》、由政府举办的公立性医疗机构(包括教育行政部门所属的区域性中小学卫生保健机构)。

2. 能独立开展学生健康检查工作。

3. 能对学生健康检查状况进行个体和群体评价、分析、反馈，并提出健康指导建议。

4. 有独立、固定的办公场所和足够的学生健康检查场所、工作条件和必备的合格的医疗检查设备与检验仪器。

5. 有健全的规章制度、有国家制定或认可的医疗护理技术操作规程。

(四)体检人员

1. 体检岗位设置合理，管理职责明确。

2. 有足够的与学生健康体检项目相适应的管理、技术、质量控制和统计人员；按体检项目确定从事健康体检的人员，每个体检项目不得少于1人(其中检验人员不少于2人)。

3. 具有与学生健康检查工作和学生常见病防治有关的知识和经验。

4. 专业技术负责人应熟悉本专业业务，技术人员的专业与学生健康检查的项目相符合。

5. 内科、外科、口腔科、眼科检查及实验室检验的人员必须具有相应的专业技术职务任职资格；各专业体检医师至少有1人具有中级以上专业技术职务任职资格。

6. 具有中级以上专业技术职务任职资格的人员不得少于从事学生健康检查总人数的30%。

(五)体检场地

在校学生健康体检的场所可以设置在医疗机构内或学校校内，需具备以下条件：

1. 有学生集合场地，并设有室内候诊区(不小于20 m^2)。

2. 男女分开的内科、外科检查室(各不少于1间)。

3. 有眼科、口腔科检查室。

4. 有化验室、消毒供应室。

5. 有男、女卫生间。

6. 在体检机构内进行体检的，体检区域应独立与医院诊疗区之外。

(六)体检结果反馈与管理

1. 个体体检结果。

(1)个体报告单内容应包括学生个体体检项目的客观结果，由具有资质的医生对体检结果的进行综合评价，及给予健康指导建议。

(2)个体报告单应于健康体检后2周后反馈给学生。

2. 群体体检结果。

(1)群体体检结果是由体检机构出具的学校学生的总体健康状况分析,包括生长发育、营养状况的分布、视力不良(新发病率)、龋齿检出率、传染病或缺陷检出率以及健康指导意见。

(2)学校汇总报告单应于检查后1个月内反馈给学校;区域学校汇总报告单应于检查后2个月内反馈当地教育行政部门。

三、学生健康档案管理

(一)档案管理制度

1. 为学生建立个体化健康档案,将学生定期健康体检和体质监测结果纳入健康档案,了解学生健康状况及动态变化趋势,对学生健康进行科学管理。

2. 学校将学生健康档案纳入学校档案管理内容,实行学生健康体检资料台账管理制度。

3. 设置专人管理健康档案,做好纸质健康档案的收集、整理,及电子档案的录入工作,定期参加由上级部门组织的相关培训,并接受督导和考核。

(二)环境管理

1. 学校需设置专室、专柜保存学生纸质健康档案。

2. 健康档案保存室应保持适宜温湿度,适时通风降温,并做到十防:"防火、防水、防盗、防虫蛀、防鼠、防潮、防尘、防高温、防强光、防泄密。"

3. 学生纸质健康档案需按照学号顺序摆放,用后及时收回放于原处。

4. 定期对纸质健康档案保管状况进行检查、清理和核对,对破损档案及时进行处理。

（三）安全管理

1. 保证学生隐私权，未经准许不得随意查阅和外借。

2. 借用必须登记，外单位查档者需持有该单位介绍信，经有关领导同意方可查阅。

3. 达到保管期限的纸质健康档案，销毁时需严格执行相关程序和办法，禁止擅自销毁。

4. 电子档案由专人负责录入和管理，用户名设置密码，未经准许不得随意外传。

5. 资料备份。

（四）质量管理

1. 学生健康档案应由负责体检的医生填写，体检结果后附医生签名。

2. 纸质健康档案由钢笔或水性笔书写，字迹工整、清晰。

3. 学生信息和体检结果完整，如因特殊原因某项体检内容未完成应注明。

4. 电子档案信息应与纸质档案一致，定期进行质量控制，避免出现遗漏或错误。

（五）可持续化科学管理

1. 学生健康档案要求定期整理，实施动态管理。

2. 对学生个体健康状况进行跟踪和动态评估，并将存在问题及改善建议及时反馈给家长。

3. 每年对学校不同年级男女生的生长发育、营养状况、视力不良、龋齿等进行汇总和分析，为制订促进学生健康措施、有针对性地开展学生健康提供依据。

第三节　学生晨检、午检登记报告

学生的健康、安全需要有一个与之相配套的卫生预防措施。由于学校人群的高密度性，一些传染病由于在早期没有得到及时、有效的控制，很容易在学校内造成流行，危害学生身心健康和扰乱学校的正常教学秩序。每日晨检并制度化是一项重要的措施，对传染病和疑似病例可以做到早发现、早报告。托幼机构必要时增加午检，要求和基本内容与晨检一致。

一、学生晨检(午检)登记的要求

学生晨检(午检)登记率100%，异常情况登记100%。

二、学生晨检(午检)的组织实施

1. 各学校、托幼机构要有一位校级领导负责组织协调晨检(午检)工作，并指定校医、卫生保健人员作为本单位晨检(午检)的技术负责人，具体职责：晨检(午检)的技术指导、相关表格填写、疫情报告工作，追踪学生和教职工因病缺课、缺勤情况，晨检(午检)情况的复核、统计、分析和报告，及时全面掌握学校传染病发生情况。

2. 学校的晨检(午检)工作由每班班主任负责，托幼机构的晨检(午检)工作由保健人员和班级教师共同完成，高校晨检(午检)工作由辅导员或班主任负责。

三、晨检(午检)流程

(一)日常性晨检(午检)

在当地未发生特定传染病流行、暴发或者未接获有特定传染病预警信息时，应当根据传染病的流行季节、周期和流行趋势，进行日常性晨检(午检)。

1. 学校的学生可采用集体询问的方式进行晨检(午检)。在晨课(午课)前由班主任负责询问、观察本班的学生身体健康状况,发现身体有异常症状(发热、皮疹、腹泻、黄疸等)者领其去校医务室由校医、保健教师进行详细检查后督促其去医院诊治。

2. 幼托机构采用入园前晨检和入园后巡检两种方式。入园前晨检:在校门口设检查台,由保健人员对儿童和家长进行逐个晨检,查看有无异常症状。入园后巡检:由保健员负责巡查和午检。

(二)特定晨检(午检)

在接到卫生行政部门和当地人民政府发布特定传染病预警信息后,或者按照当地卫生、教育部门的要求,加强特定传染病的晨检(午检)工作。

1. 所有入校(园)的学生(儿童)和教职员工均应接受晨检(午检),包括询问、观察和体检。

2. 晨检(午检)工作由校方分管领导、校医(保健老师)、班主任和其他教职工共同负责完成。

3. 发病班级的晨检(午检)工作不得在教室内进行,可选择在专用教室、学校、托幼机构操场或廊下等适宜场所进行。

4. 晨检(午检)工作可通知学生家长共同配合,在家先行询问、检查体征和测量体温并把记录单由学生带到学校、托幼机构交给班主任或负责老师。

四、晨检(午检)内容

晨检(午检)时相关责任人应认真、细心,仔细排查相关传染病。在进行特定晨检(午检)时要按照当地卫生行政、教育部门的要求加强对特定传染病症状的晨检(午检)。具体内容为"一看二听三问四查五测六追踪"。

1. 一看:仔细观察学生的面色、精神状态,发现学生面色异常、精神状态不佳时,要及时通知校医保健老师采取相应的措施,必要时班主任通知家长带学生到医院就诊，随时和学校保持联系。

2. 二听：听学生和(或)家长的描述。

3. 三问：每天了解学生有无发热、皮疹、腹泻、黄疸等异常症状或体征，家中有无成员出现类似症状。

4. 四查：水痘、腮腺炎、手足口病、流感等传染病在学校易高发，晨检(午检)要重点检查学生是否有发热(传染病普遍症状)，是否出现脸、胸、背等部位疱疹(水痘症状)，一侧或两侧耳垂下肿大，肿大的腮腺常呈半球形(腮腺炎症状)，手、足、口腔等部位皮疹或疱疹(手足口病症状)，发热、咳嗽、咽痛、身体疼痛、头痛、发冷和疲劳等，有些还会出现腹泻或呕吐、肌肉痛或疲倦、眼睛发红等(流感)。

5. 五测：特定情况下，需要对体温进行仪器测量。首先，教师本人要进行体温测试，并有体温记录。然后，在适当场所(校园宽阔地带)指定专人用红外测温仪对到校学生逐个进行初测，随到随测。发现体温异常者，带入隔离场所，由专人用玻璃体温计对该生做体温进一步测试，无异常方可进入教室。对进入隔离场所的学生要安排专人管理，学生之间要保持 3 m 以上距离，让学生佩戴口罩(由学校提供)，教师要做好自我保护。

6. 六追踪：对缺勤的教职员工由学校负责登记和追踪调查。对缺课的学生，班主任要了解情况并登记。校医保健教师对可能患传染病的学生追踪了解病情变化及诊治情况，同时做好记录、及时上报。

五、异常情况处理

1. 疑似传染病的学生，由学校立即通知家长，由家长带其学生去医院进一步诊治，如排除传染性疾病，凭医院的证明可继续上课或回家休息；如不能排除传染性疾病，根据医生建议采取相关的隔离治疗措施。

2. 确诊为传染病的学生，家长应及时告知学校，必须在隔离期限满后，凭医院的证明方可回校上课。

六、晨检(午检)情况报告和登记

1. 学生的晨检(午检)情况:中小学由班主任负责登记每日晨检(午检)的结果,并于当日及时报告给学校疫情报告人。

2. 学校晨检(午检)情况的统计和报告。学校疫情报告人负责收集全校各班级每日晨检(午检)情况,并做好统计工作(表3-1)。一旦发现可疑传染病散发疫情时,向所在社区医疗机构报告;发现聚集或暴发疑似传染病疫情,应立即报告学校领导,同时报告当地疾控中心或辖区医疗机构;在出现特定情况时,按照有关部门的要求进行零报告和日报告(表3-2)。

表3-1 学校(托幼机构)晨检(午检)情况登记表

______学校(托幼机构)学生晨检(午检)情况登记表

时间:　　年　　月　　日　　　　　　　　　　　　填表人:

班级	应到人数	实到人数	缺勤人数	因事缺勤人数	因病缺勤人数	备注

注明:本表由班主任或班级卫生员填写并上报学校疫情报告人,学校疫情报告人每天汇总。有异常情况及时上报。

______学校(托幼机构)学生晨检(午检)情况登记表

时间:　　年　　月　　日　　　　　　　　　　　　填表人:

班级	应到人数	实到人数	缺勤人数	因事缺勤人数	因病缺勤人数	备注
合计						

注明:本表由班主任或班级卫生员填写并上报学校疫情报告人,学校疫情报告人每天汇总。有异常情况及时上报。

表 3-2 学校(托幼机构)晨检(午检)异常情况登记表

______学校(托幼机构)学生晨检(午检)异常情况登记表

时间：　　年　　月　　日　　　　　　　　　　　　填表人：

班级	姓名	性别	年龄	宿舍/走读	发热(T)	咳嗽	咽痛	头痛	腹痛	皮疹	红眼	黄疸	腹泻	呕吐	其他

注明：本表由班主任或班级卫生员填写并上报学校疫情报告人，学校疫情报告人每天汇总，有异常情况及时上报。

第四节 学生因病休退学登记、因病缺勤登记报告

学生因病退学、因病缺勤登记既是学校对学生进行严格管理的常规工作，又是体现对学生的全面关爱，维护保障学生身体健康，做到早期发现传染病患者和疑似患者，早隔离，早治疗，有效防止传染病疫情在学校的发生和传播的重要举措。

一、学生因病休退学登记、因病缺勤登记的要求

学生因病缺勤登记率为100%，病因追踪率为100%。

二、学生因病休退学登记、因病缺勤登记的基本内容

1. 学校要告知家长学生因病缺课时要事先向班主任汇报请假，说明病因。

2. 班主任负责每天班内因病缺课学生人数的统计与登记。

3. 班主任对因病缺勤的学生，应当及时与家长取得联系，了解学生的患病情况、就诊情况，做到对传染病的早期发现。并将结果上报学校疫情报告人。

4. 班主任与因病缺勤的学生或家长保持联系，随时掌握病情进展。

对患有传染病的学生要严格按传染病隔离期限进行隔离治疗，学生复课凭一级及以上医院开具的传染病复学医学诊断证明，方能返校。

5. 学校疫情报告人每天汇总（表3-3、表3-4），发现符合疫情报告条件或达到突发公共卫生事件报告条件的，学校严格按报告要求上报辖区疾病预防控制中心和辖区教育行政部门。

表 3-3　学校(托幼机构)学生因病缺勤情况登记表

________学校(托幼机构)学生因病勤登记表

时间：　　年　　月　　日　　　　　　　　　　　　填表人：

班级	姓名	性别	年龄	宿舍	缺勤病因	本次因病缺勤累计天数	诊断医院	医院级别	家长姓名	联系方式	处理情况	班主任

注明：本表由班主任或班级卫生员填写并上报学校疫情报告人，学校疫情报告人每天汇总，有异常情况及时上报。

表 3-4　学校(托幼机构)传染病患者随访情况登记表

______学校(托幼机构)传染病患者的随访登记表

姓名		年龄		班级	
家长姓名		联系方式		家庭住址	
因病缺课起止时间:					
随访时间		随访方式		随访结果	

第五节　新生入学预防接种

预防接种是预防控制传染病的重要手段。新生入学、入园预防接种证查验及补种工作,是为了确保全体新生完成免疫规划疫苗的接种,建立有效的免疫屏障,加强学校传染病预防控制,保护学生身体健康,维护学校正常教学秩序的重要措施。

一、新生入学查验接种证

(一)要求

新生入学查验预防接种证为 100%,登记率为 100%。

(二)基本内容

1. 建立新生入学查验接种证制度,建立新生入学儿童预防接种证查验登记表。按照“儿童免疫规划疫苗免疫程序”核对。

2. 儿童免疫规划疫苗免疫程序时间表(表 3-5)。

表 3-5 儿童免疫规划疫苗免疫程序时间表

疫苗名称	年(月)龄													
	0月龄	1月龄	2月龄	3月龄	4月龄	5月龄	6月龄	8月龄	18月龄	18～24月龄	2周岁	3周岁	4周岁	6周岁
乙肝疫苗	√	√					√							
卡介苗	√													
脊灰疫苗			√	√	√								√	
百白破疫苗				√	√	√				√				
白破疫苗														√
麻风(麻疹)疫苗								√						
麻腮风(麻疹)疫苗										√				
乙脑减毒活疫苗*								√			√			
A群流脑疫苗							√(间隔3月)							
A+C群流脑疫苗												√		√
甲肝减毒活疫苗									√					

(三)操作方法与程序

1. 告知。每年办理新生入托、入学报名手续时，在报名须知中明确告知查验预防接种证的要求和国家免疫规划要求接种的疫苗种类，要求没有预防接种证或未按国家免疫规划接种疫苗的儿童，在入托、入学前应到居住地的接种单位补办或补种。

2. 查验证。在学生入托、入学报名或转学入学时，经培训的查验人员认真查验学生预防接种证及复印件，并将疫苗接种情况如实填写在《入托、入学儿童预防接种证查验登记表》。查验预防接种疫苗有7种：乙肝疫苗、卡介苗、脊灰糖丸、百白破疫苗、麻疹疫苗、流脑疫苗和乙脑疫苗。

3. 发放补种/补证通知单。在查验中发现漏种学生或无证的学生，将填写《入托、入学学生补种/补证通知单》交与儿童监护人。督促家长或监护人立即带儿童到当地接种单位或发证单位补种/补证。

4. 反馈和复核。托幼机构、学校查验人员应在儿童补种或补证后应复验预防接种证，并将查验补种情况补填在《入托、入学儿童预防接种证查验登记表》上。

5. 汇总上报。托幼机构、学校在查验、复验结束后，汇总查验证和补种情况，并填写《入托、入学儿童预防接种证查验及补种（补证）情况汇总表》，每学期开学后一个月内报辖区教育局，同时报辖区预防接种单位，预防接种单位汇总后报辖区疾病预防控制机构。

6. 培训。每年新生入学前，由辖区疾病预防控制中心或接种单位对参与新生预防接种证查验工作的老师和工作人员开展一次培训。

二、补种

（一）要求

新生补种率为95%。

（二）基本内容

1. 对漏种疫苗的新生，要求在3个月内，到各预防接种点接种并登记（表3-6～表3-9）。

2. 操作方法与程序：

（1）未接种国家免疫规划疫苗的儿童，按照疫苗免疫程序进行补种。

（2）未完成国家免疫规划疫苗免疫程序规定剂次的儿童，只需补种未完成的剂次。

（3）未完成吸附百白破联合疫苗免疫程序的儿童，3月龄～6岁儿童使用吸附百白破联合疫苗，7～11岁使用吸附白喉破伤风联合疫苗，12岁以上儿童使用成人及青少年型吸附白喉破伤风联合疫苗。

（4）未完成脊髓灰质炎减毒活疫苗免疫程序的儿童，4岁以下儿童未达到3剂次（含强化免疫等）的应补种完成3剂次。4岁以上儿童未达到4剂次（含强化免疫等）的应补种完成4剂次。

（5）未完成2剂次麻疹减毒活疫苗免疫程序的儿童，应补满至2剂次。

（6）如需补种多种国家免疫规划疫苗，两种疫苗可以同时在不同部位接种。两种减毒活疫苗可在同一天注射，如未在同一天注射，则接种注射时间应至少间隔4周。严禁将不同疫苗混合在1支注射器中接种。

（7）转托（学）儿童：转入后1个月内完成查验（补证）。

（8）严格掌握预防接种禁忌证。

（9）做好接种登记。

表 3-6 湖北省入学儿童预防接种证查验登记表

填报单位：________县（市、区）________乡镇（街办）________托儿所（幼儿园、小学）________班

编号	儿童姓名	出生年月	家长联系电话	预防接种证	接种记录																						需补种/补证	复验情况
					卡介苗	脊髓灰质炎疫苗				百白破疫苗				麻疹疫苗		乙肝疫苗			白破疫苗	乙脑疫备			流脑疫苗					
						1	2	3	4	1	2	3	4	1	2	1	2	3		1	2	3	1	2	3	4		

单位负责人签字：　　登记查验人签字：　　登记查验时间　年　月　日　　复验人签字：　　复验时间　年　月　日

表 3-7　入托、入学学生补种/补证通知单

编号：________

姓名：________　　性别：________　　班级：________

需补办接种证：________　　需补种疫苗名称：________

家长签字：________________　　日期：________________

托幼机构/学校骑缝章

入托、入学儿童补种/补证通知单

编号：________

________家长：

经查验，发现您的孩子漏种以下疫苗(/缺预防接种证)，请您带孩子及接种证在____年____月____日之前到________进行补种(/补证)。

补种后将接种证交回幼儿园/学校，进行复验。

乙肝疫苗	脊灰疫苗	百白破疫苗	白破疫苗	麻风疫苗
麻腮疫苗	乙脑疫苗	A群流脑疫苗	A＋C群流脑疫苗	甲肝疫苗

空格中请填写需补种剂次数

托幼机构/学校盖章：

年　　月　　日

注：此通知单由预防接种单位留存

表 3-8　入托、入学学生预防接种证查验及补种补证情况汇总表

（20　年）

填报单位（盖章）：__________

班级或单位名称	应查验儿童数	实查验儿童数	持有儿童预防接种证人数	应补证人数	实补证人数	接种记录完整人数	应补种人数	实补种人数
合计								

填报人：　　　　　　　　　　　　　　填报日期：

注：此表为通用汇总表，此表由托幼机构、学校复验结束时填写，一式二份，一份留底，一份报当地接种单位或疾病预防控制机构，各接种单位将辖区托幼机构、学校的上报的汇总率汇总后逐级上报至县（市、区）疾病预防控制机构。

当填报单位为托幼机构/学校时，班级或单位名称栏填写班级名称；当填报单位为接种单位时，班级或单位名称栏填写学校名称；当填报单位为疾控机构时，班级或单位名称栏填写接种单位名称。

表 3-9 入托、入学学生预防接种证查验及补种补证情况汇总

（20____年）

填报单位（盖章）：________

班级或单位名称	补种情况																					
	乙肝疫菌		卡介苗		脊灰疫苗		百白破疫苗		白破疫苗		麻风疫苗		麻腮疫苗		乙脑疫苗		A群流脑疫苗		A+C群流脑疫苗		甲肝疫苗	
	应种人次	实种人数	应种人次	实种人数	应种人次	实种人数	应种人次	实种人数	应种人次	实种人数	应种人次	实种人数	应种人次	实种人数	应种人次	实种人数	应种人次	实种人数	应种人次	实种人数	应种人次	实种人数
合计																						

填报人：　　　　　　填报日期：

注：此表为通用汇总表，此表由托幼机构、学校复验结束时填写，一式二份，一份留底，一份报当地接种单位或疾病预防控制机构。各接种单位将辖区托幼机构、学校的上报的总表汇总后逐级上报至县（市、区）疾病预防控制机构。

当填报单位为托幼机构/学校时，班级或单位名称栏填写班级名称；当填报单位为接种单位时，班级或单位名称栏填写学校名称；当填报单位为疾控机构时，班级或单位名称栏填写接种单位名称。

第四章　学校及托幼机构饮用水的风险隐患排查与整治

少年儿童处于生长发育的关键期，身体中水分的百分比和代谢率较高，肾脏的调节能力有限，更容易发生严重失水，若饮水不足可能会影响学生的行为活动、认知功能和精神状态，如注意力不集中、疲倦、头痛等，而不洁饮水轻则可能引起胃肠道症状，如腹泻、腹痛、呕吐等，严重者可能引发水源性疾病，因此提供足量且卫生安全的饮用水对学生的生长发育和学习至关重要。

学校饮用水卫生风险管理，指对水源到学校取水点所有供水主要环节进行风险评价和运行监测，针对存在的实际问题，采取相应措施，保证供水水质持续地符合现行《生活饮用水卫生标准》(GB 5749—2006)要求。

第一节　学校饮用水供水方式

根据饮用水的生产特点，学校饮用水供水方式主要有以下几种。

一、桶装水

采用自来水或抽取地下水，经过现代工业技术(反渗透、电渗析、蒸馏、树脂软化等)处理而成的纯净水或矿泉水，由灌装生产线灌装至 PVC 桶得到的产品。分为纯净水、矿泉水和矿物质水(由纯净水人工加入矿物质而成)等。水质应符合相关的水质标准，如《饮用天然矿泉水标准》(GB 8537—1995)、《瓶装饮用纯净水卫生标准》(GB 17324—1998)、《饮用净水水质标准》(CJ 94—2005)等。

二、直饮水

以自来水为原水,经过预处理、膜分离技术及水处理杀菌系统构成的校园直饮水设备深度处理后达到一定标准的水。

三、市政集中式供水

市政集中式供水单位自水源集中取水,经过混凝沉淀一过滤一消毒等净化处理工艺后,通过输配水管网送到学校的供水方式。

四、二次供水

集中式供水在入户之前经再度储存、加压和消毒或深度处理,通过管道或容器输送给用户的供水方式。

五、学校自备供水

学校内部以自建供水管道及其附属设施向本学校的生活、生产和其他各项建设提供用水。

六、分散式供水

用户直接从水源取水,未经任何设施或仅有简易设施的供水方式。

第二节 桶装水的风险隐患排查与整治

桶装水因使用方便、饮用时冷热随意和健康卫生,已在众多学校使用,但桶装水因包装过大,且与饮水机配套使用,存在二次污染的隐患。

一、桶装水的管理

（一）桶装水的选购要求

1. 进入学校的桶装饮用水实行统一招标采购。

2. 进入校园的桶装饮用水的企业必须已取得有效的食品生产许可证（QS证）、工商营业执照、税务登记证、产品质量监督检验报告，销售的桶装饮用水标识上标注QS标志。

（二）桶装水的日常管理

1. 学校要严格执行索证制度，除索取上述证明材料外，对每批供应产品须索取该批次的出厂检验报告。进入校园的桶装水，每一批次的索证情况学校都要有专门记录和复印件备案。

2. 学校要对每批到校产品实行验收，要严格执行登记和备案制度。

3. 学校要设立独立的桶装水存放间，环境符合卫生要求，同时安排专职人员管理和运送，确保桶装水在运送过程的安全。

4. 教室要做好通风、防尘工作，环境应保持整洁。

5. 桶装水不要放置在教室阳光可以照射到的地方。

6. 桶装水启封后，应在3天内饮用完。

二、饮水机的管理

1. 使用的饮水机有有效的涉水产品卫生许可批件。

2. 饮水机必须进行定期清洗、消毒，确保饮水机的清洁。从事饮水机清洗消毒人员应有健康证，并按清洗消毒规程操作。

3. 对饮水机清洗、消毒后，要做好相关记录。

4. 清洗、消毒使用的除垢剂与消毒剂应有有效的卫生许可批件。

第三节　直饮水的风险隐患排查与整治

根据国家《学校卫生工作条例》《生活饮用水卫生监督管理办法》和相关规范标准的规定，为确保学校直饮水卫生、安全及学校直饮水工程的建设质量，保证正常运行维护和提高管理水平，使用水处理设备供应直饮水的学校，在使用前必须向区卫生、教育行政部门申报备案，并达到下述要求。

一、设备技术要求

1. 直饮水设备是指以市政自来水为原水，经净化处理（除反渗透技术外）和消毒，出水水温在 20～40℃的独立水处理设备。

2. 直饮水设备应具有有效的涉水产品卫生许可批件；直饮水设备使用的水处理材料应有卫生安全检验合格证明或卫生安全许可批件。

3. 直饮水设备出水水质应符合经卫生行政许可的相应水质标准和规范要求。

4. 直饮水设备宜采用快热式加热技术。

5. 直饮水设备应采用符合 GB18145《陶瓷片密封水嘴》或 QB1334《水嘴通用技术条件》要求的不锈钢水嘴。所有水嘴同时出水时，每个水嘴流量应不低于每分钟 0.6 L。

6. 直饮水设备应设置或安装显示累积处理净水量的计量器。

7. 直饮水设备外表应平整光滑，其易触及的零部件棱边和尖角应圆滑或加以防护。

8. 直饮水设备应为固定式或驻立式，设备的防触电保护应为Ⅰ类、Ⅱ类或Ⅲ类，外壳防护等级至少为 IP44。设备应取得相应的国家强制认证或生产许可。

9. 直饮水设备的水嘴间距不小于 400 mm，水嘴高度根据使用区域学生身高设置，且只适用于使用盛器接水。

二、设计施工要求

（一）环境要求

1. 直饮水饮水处应能满足维护方便、通风良好、确保通电通水和排水的要求，周围 10 m 范围内不应有污水池、垃圾桶（箱、房）、粉尘和有毒有害气体等污染源。

2. 直饮水饮水处地面、墙壁、顶部应使用防水、防滑、防腐、防霉、无辐射、易于消毒、清洗的材料，地面应有一定的疏水坡度。

3. 直饮水饮水处应设置等候区域，等候区域不得挤占走道等疏散空间。

4. 直饮水饮水处应设置简明易懂的图文说明，指导正确使用直饮水设备。

（二）给排水要求

1. 学校直饮水的原水应使用符合 GB5749《生活饮用水卫生标准》的市政自来水。

2. 进水管道应从市政供水管网单独引入，在引入直饮水设备之前应安装防回水的单向阀，亦可用于排水和采样。

3. 给排水的设计与施工应符合 GB50015《建筑给水排水设计规范》及其他相关标准规范的要求。

三、日常运行维护要求

（一）维护要求

1. 学校应与直饮水设备制造商（以下简称“制造商”）签订售后服务协议，按照规定分工负责，确保直饮水设备安全运行和及时维护。

2. 学校在直饮水设备日常运行维护中应符合以下要求：

(1)建立健全学校直饮水卫生管理制度和卫生管理档案。

(2)制订直饮水水质事件应急处置预案。

(3)配备经培训合格的专(兼)职卫生管理员。

(4)每日使用前打开每个水嘴,放尽管道内的积水。

(5)每日由卫生管理员对直饮水设备进行清洁,并对每个水嘴进行消毒,具体消毒方法如下:用棉签蘸取75%酒精伸进水嘴中进行消毒,或用棉签蘸取酒精点燃,用火焰在水嘴处灼烧10秒,消毒完成之后打开水嘴10秒。

(6)定期公示直饮水水质检验结果,配合制造商开展直饮水日常运行维护工作和及时处置直饮水水质事件。

(7)每日对直饮水设备进行安全卫生巡查,做好巡查记录。

(8)加强对师生正确饮用直饮水的宣传教育。

3. 制造商在直饮水设备日常运行维护中应符合以下要求:

(1)建立健全直饮水设备售后运行维护制度、水质检验制度和管理档案。

(2)配备经培训合格的专职人员负责学校直饮水的日常使用维护。

(3)定期对直饮水设备进行运行维护并做好记录,按规定更换符合国家相关卫生标准和规范要求的水处理材料和消毒装置。

(4)对学校反映的直饮水设备异常情况应立即予以响应,并在4小时内到达现场,在24小时内解决问题。

(5)新设直饮水设备在开始供水前应进行全面冲洗和消毒,按照“水质检验要求”中“竣工验收检验”项目进行水质检验,合格后方可供水。

(6)直饮水设备在每学期开学前一周,应进行全面冲洗和消毒,按照“水质检验要求”中“学期检验”项目进行水质检验,合格后方可供水。

(7)直饮水设备停止使用7天以上(含7天)恢复供水前,应进行全面冲洗和消毒，按照“水质检验要求”中“月检验”项目进行水质检验，合格后方可供水。

(8)更换水处理材料后应 按照“水质检验要求”中“月检验”项目进行水质检验，合格后方可供水。

(二)人员要求

1. 学校和制造商直接从事学校直饮水日常管理、运行维护和水质检验的人员，应取得体检合格证后方可上岗工作，并每年进行一次健康检查。

2. 患有痢疾、伤寒、甲型病毒性肝炎、戊型病毒性肝炎等消化道传染病的人员以及患有活动性肺结核、化脓性或者渗出性皮肤病等疾病的人员，治愈前不得直接从事上述工作。

四、水质检验要求

(一)基本要求

1. 学校应建立并实施直饮水的周检、月检及学期检制度。

2. 周检验、月检验应由制造商完成，学期检验应由教育行政部门确定的具有资质的检测机构采样完成。

3. 制造商应建立水质检验室，配备与经营规模和水质检验要求相适应的检验人员和仪器设备。

(二)检验记录

水质检验记录应当完整清晰，档案资料保存完好。检验结果应在学校内进行公示，并于每月 10 日前将上月检验记录报送当地教育行政部门。

第四节　二次供水的风险隐患排查与整治

学校二次供水必须经卫生部门参加二次供水设施的设计审查、

竣工验收和水质检测合格，签发卫生许可证后，方可供水。学校应严格按照《二次供水设施卫生规范》的有关要求管理二次供水。

一、设施设计的卫生要求

1. 设计水箱或蓄水池：饮用水箱或蓄水池应专用，不得渗漏，设置在建筑物内的水箱其顶部与屋顶的距离应大于 80 cm，水箱应有相应的透气管和罩，入孔位置和大小要满足水箱内部清洗消毒工作的需要，入孔或水箱入口应有盖(或门)，并高出水箱面 5 cm 以上，并有上锁装置，水箱内外应设有爬梯。水箱必须安装在有排水条件的底盘上，泄水管应设在水箱的底部，溢水管与泄水管均不得与下水管道直接连通，水箱的材质和内壁涂料应无毒无害，不影响水的感观性状。水箱的容积设计不得超过用户 48 小时的用水量。

2. 设施不得与市政供水管道直接连通，有特殊情况下需要连通时必须设置不承压水箱。设施管道不得与非饮用水管道连接，如必须连接时，应采取防污染的措施。设施管道不得与大便口(槽)、小便斗直接连接，须用冲洗水箱或用空气隔断冲洗阀。

3. 设施须有安装消毒器的位置，有条件的单位设施应设有消毒器。

4. 设计中使用的过滤、软化、净化、消毒设备、防腐涂料，必须有省级以上(含省级)卫生部门颁发的《产品卫生安全性评价报告》。

5. 蓄水池周围 10 m 以内不得有渗水坑和堆放和垃圾等污染源。水箱周围 2 m 内不应有污水管线及污染物。

二、设施的卫生要求

1. 设施周围应保持环境整洁，应有很好的排水条件，供水设施应运转正常。

2. 设施与饮水接触表面必须保证外观良好，光滑平整，不对饮水水质造成影响。

3. 通过设施所供给师生的饮水感官性状不应对人产生不良影响,不应含有危害人体健康的有毒有害物质,不引起肠道传染病发生或流行。

三、设施日常使用的卫生要求

1. 学校负责设施的日常运转、保养、清洗、消毒。

2. 学校对设施的卫生管理必须制定设施的卫生制度并予以实施,管理人员每年进行一次健康检查和卫生知识培训,合格上岗。

3. 学校每年应对设施进行 2 次全面清洗、消毒,并对水质进行检验,及时发现和消除污染隐患,保证师生饮水的卫生安全。

4. 发生供水事故时,学校必须立即采取应急措施,保证师生日常生活用水,同时报告当地卫生部门并协助卫生部门进行调查处理。

第五节 学校水源保护与管理

学校自备供水必须取得县级以上地方人民政府卫生行政部门签发的卫生许可证,方可供水,学校应严格按照《生活饮用水集中式供水单位卫生规范》的有关要求管理自备水源。

一、水源选择和卫生防护

1. 自备水水源应选择水质良好、水量充足、便于防护的水源,并经当地疾控中心进行全项目检测合格后,方可作为供水水源。

2. 应划定水源保护区,在防护地带设置固定的告示牌,落实相应的水源保护工作。地下水水源防护必须遵守以下规定:①30 m 以内不允许设立生活居住区、禽畜饲养场、渗水厕所、渗水坑和堆放垃圾、粪便等,要保持良好的卫生状况并绿化;②在地下水补给区内不能施用持久性或剧毒农药;③工业废水和生活污水严禁排入渗坑或渗井；④水井上方必须建立泵房，水井要设有井盖、井台、排水沟。地表水水源必须遵守以下规定：①取水点周围 100 m 的水域内，不能有捕捞、网箱养殖、停靠船只、游泳、和其他可能污染水源的任何活动；②取水点上游 1 000 m 和下游 100 m 水域内，不得排入工业废水和生活污水，不准设置污染源，不得进行污水灌田和施用危害大的农药；③取水点上游 1 000 m 以外的地区，应限制污染物的排放。

二、生活饮用水生产的卫生要求

1. 遵守有关生活饮用水管理的法规、标准和技术规范。

2. 应建立健全生活饮用水卫生管理规章制度。

3. 应有分管领导和专职或兼职工作人员管理生活饮用水卫生工作。

4. 新建、改建、扩建学校自备供水工程时，学校需向当地卫生行政部门申请进行预防性卫生监督。给水工程设计必须符合国家给水设计规范和标准。

5. 配备的水净化处理设备、设施必须满足净水工艺要求，必须有消毒设施，并保证正常运转。

6. 生活饮用水的输水、储水和配水等设施应密封，严禁与排水设施及非生活用水的管网相连；未经当地卫生、建设行政部门批准，自备水源的管线严禁与市政供水管线相连。

7. 使用的涉水产品必须符合卫生安全和产品质量国家标准的有关规定，并持有省级以上人民政府卫生行政部门颁发的卫生许可批准文件。

8. 在购入涉水产品时，应索取产品的卫生许可批件，并进行验收。经验收合格后方可入库待用，并按品种、批次分类贮存于原料库，避免混杂，防止污染。

9. 应对取水、输水、净水、蓄水和配水等设施加强质量管理，建立放水、清洗、消毒和检修制度及操作规程，保证供水水质。

10. 各类贮水设备要定期清洗和消毒；管网末梢水要定期放水清洗，防止水质污染。

11. 水处理剂和消毒剂的投加和贮存间应通风良好，防腐蚀、防潮，备有安全防范和事故的应急处理设施，并有防止二次污染的措施。

12. 应划定生产区的范围，生产区外围 30 m 范围内应保持良好的卫生状况，不得设置生活居住区，不得修建渗水厕所和渗水坑，不得堆放垃圾、粪便、废渣和铺设污水管道。

三、水质检验

1. 应建立水质检验室，配备与供水规模和水质检验要求相适应的检验人员和仪器设备。负责检验水源水、净水构筑物出水、出厂水和管网末梢水的水质。

2. 水质检验应实行全过程的质量控制。水质检验方法应采用国家规定的生活饮用水检验法。

3. 水质检验项目和频率参见《生活饮用水集中式供水单位卫生规范》附表。

4. 不具备水质检验条件的学校自备供水单位应委托经计量认证合格的检验机构按上述要求进行检验。

5. 水质检验记录应完整清晰，档案资料保存完好。

6. 应建立水质资料的月报、年报、污染应急报告制度，水质检测资料应按有关规定报送当地卫生行政部门和建设行政部门。水质检测资料月报于次月 10 日前报送，年报于次年 2 月 10 日前报送。

四、从业人员的卫生要求

1. 必须每年进行一次健康检查。取得体检合格证后方可上岗工作。凡患有痢疾、伤寒、病毒性肝炎、活动性肺结核、化脓性或渗出性皮肤病及其他有碍生活饮用水卫生的疾病或病源携带者，不应直接从事供、管水工作。

2. 上岗前须进行卫生知识培训，上岗后每年进行一次卫生知识培训，未经卫生知识培训或培训不合格者不应上岗工作。

3. 应当保持良好的个人卫生习惯和行为。不应在生产场所吸烟，不应进行有碍生活饮用水卫生的活动。

五、供水器皿的卫生管理

采用市政集中式供水、二次供水、自备供水的中小学及托幼机构，提供的饮用水必须保证达到100℃经保温桶(开水桶)供给师生饮用。学校及托幼机构应按以下要求做好保温桶(开水桶)、饮水用具等供水器皿的卫生管理。

1. 保温桶(开水桶)要加盖上锁，放置在固定安全卫生的位置，定期对开水桶进行清洗消毒并记录，清洗时，宜采用流动蒸汽等物理消毒方式。

2. 清洗人员必须定期进行卫生知识培训和健康体检。

3. 定期对水质进行抽检。

4. 要求学生自备饮水用具，中小学及托幼机构不得配置公用饮水用具。如果学生的饮水用具需在中小学及托幼机构存放，中小学及托幼机构应配备消毒设施，每天对学生的饮水用具进行清洗消毒。

第六节　学校生活饮用水突发污染事故的报告和应急处置

一、学校生活饮用水突发污染事故的报告

1. 生活饮用水污染事故的报告范围：

(1)因自然灾害或人为因素使饮用水水源遭受污染。

(2)饮用水水质出现异常,影响饮用者正常生活。

(3)输配水管网破损或二次供水设施防护不严,使饮用水水质恶化。

(4)饮用水水质污染,造成介水传播疾病流行或中毒。

(5)存在明显的污染源,并怀疑饮用水源或饮用水水质有可能受到污染。

2. 学校后勤部门应针对取水、输水、净水、蓄水和配水等可能发生污染的环节,制订和落实防范措施,加强检查,严防污染事件发生。

3. 当发生生活饮用水污染事故时,供管水员须立即采取应急措施,并以最快的方式报告单位生活饮水卫生安全管理小组领导和上级教育行政部门和卫生部门。

4. 在发生生活饮用水污染事故发生期间,应密切注意事态发展,及时进行水质检测,并在第一时间向卫生部门报送检测和处理报告。

5. 任何人不得隐瞒、缓报、谎报或者授意他人隐瞒、缓报、谎报水污染事故。

二、学校生活饮用水突发污染事故的应急处置

(一)成立学校生活饮用水突发污染事故应急处置组的织机构

为加强对生活饮用水突发污染事故应急处理工作的统一领导,高效、有序地组织开展各项应急处置工作,学校应成立生活饮用水突发污染事故应急处理领导小组,负责统一领导、指挥、部署、协调各项应急处置工作。

应急处理领导小组主要负责组织学校生活饮用水突发污染事故的具体调查、处理、救援及上报工作,对学校生活饮用水突发污染事故的各项调查、处理、救援等工作。

(二)学校生活饮用水突发污染事故的应急处置

1. 统一部署。学校一旦发现生活饮用水水质污染或不明原因水质突然恶化及水源性疾病暴发事件时,应立即启动相应的应急预案。事故发生后,学校应急处理领导小组应紧急组织有关人员展开调查,了解情况,统一部署下一步的应急处置工作。

2. 停止供水。生活饮用水污染事故发生后,学校生活饮用水卫生管理专职人员必须第一时间停止供水,保护好水源现场。在保证水质卫生安全质量的前提下采取其他临时供水途径,以保证师生员工正常生活饮用水问题,避免和减少水污染对师生员工身体健康造成的危害。

3. 实施救治。生活饮用水污染事故发生后,学校必须第一时间对感染者实施应急救治。对病情较严重的感染者,由学校立即派员送往医院救治,并积极配合医院做好治疗工作,随时掌握医院救治动态,同时做好感染者的心理疏导工作。对需要实施隔离治疗的感染者,由应急处理领导小组负责组织有关人员配合医疗机构做好隔离期间相关工作。

4. 依法报告。发生生活饮用水污染事故后,学校要依法立即如实向上级教育行政部门和卫生部门报告水污染事故状况。

5. 现场调查。学校应积极配合上级部门迅速开展现场调查,查找污染原因及污染物,了解污染物的种类、性状、毒性及污染程度,掌握供水范围及接触人群身体健康危害程度等。

6. 水质监测。学校生活饮用水卫生管理专职人员要积极配合疾病预防控制中心开展水质监测,科学采集水样和检测,快速找出主要污染物,及时掌握水质污染程度、污染趋势、水质动态变化规律。

7. 消除污染。在现场调查和水质监测基础上进一步分析污染的扩散趋势,并在上级部门的指导下,制订科学的、行之有效的紧急控制与消除污染的方案，控制事态进一步的蔓延和扩大，严防水污染事故再次发生。

8. 正常供水。当生活饮用水突发污染事故得以控制，污染原因消除后，必须重新进行水质检测，水质达到国家卫生标准后方可供水。

第五章　学校及托幼机构环境的风险隐患排查与整治

学校是青少年儿童学习、生活的重要场所，学龄期青少年儿童除睡眠之外大部分时间在学校度过，学校环境可能对青少年儿童健康产生重要影响。学校环境包括教室内环境、宿舍环境、厕所环境、运动环境、绿化、走道楼梯栏杆环境、道路与交通等外部环境等。其中教室、宿舍的通风采光，厕所及外部环境清洁卫生与学校传染病的传播密切相关；教室、走道、楼梯、栏杆、运动场地、停车场设置如不能达到相关要求，可能会导致学生挤踏、跌倒、运动损伤、交通伤害等各种突发事件发生。国家对于学校各种环境因素进行了详细要求与规定，要求各地政府牵头，相关部门合作，按照相关国家标准与规范落实学校环境卫生风险管理工作，相关部门定期组织对学校的监督检查，学校积极排查影响学生健康与突发事件风险隐患，及时整治调整，从源头防止突发事件的发生。

第一节　教室卫生的风险隐患排查与整治

教室是学生学习活动的重要场所，教室的面积、布局、采光、照明、课桌椅设置、空气质量、噪声均可能会对教学过程中发生的各种突发事件造成直接或间接的影响。为了预防和消除教学过程中发生的各种安全隐患，学校需要提供安全、符合标准的教学环境和教育设施，教室设计与布局、课桌椅、黑板、采光、照明、微小气候、允许噪声级均应符合相应的国家标准。

一、教室设计与布局

按照国家 2011 年发布的最新《学校设计规范》(GB 50099—2011)规定，教室的设计和布局应符合如下要求。

(一)人均面积

按每个教室使用人数计算，普通教室每个学生所占面积小学不少于 1.36 m^2，中学不少于 1.39 m^2。

(二)教室布局

1. 教室最前排课桌的前沿与前方黑板的水平距离不宜小于 2.20 m。

2. 教室最后排课桌的后沿与前方黑板的水平距离小学不宜大于 8 m，中学不宜大于 9 m。

3. 课桌椅的排距不宜小于 0.90 m。

4. 教室最后排座椅之后应设横向疏散走道；自最后排课桌后沿至后墙面或固定家具的净距不应小于 1.10 m。

5. 学校普通教室内纵向走道宽度不应小于 0.60 m。

6. 沿墙布置的课桌端部与墙面或壁柱、管道等墙面突出物的净距不宜小于 0.15 m。

7. 普通教室内应为每个学生设置一个专用的小型储物柜。

二、教室采光

天然采光对师生健康、舒适、高效的视觉起到至关重要的作用，根据 2010 年国家最新《学校教室采光和照明卫生标准》(GB7793—2010)规定，教室采光应满足如下要求。

(一)采光方向

单侧采光的教室光线应从学生座位左侧射入，双侧采光的教室主采光窗应设在左侧。

（二）教室窗户

1. 窗户应采用无色透明玻璃。

2. 为防止窗户的直接眩光，教室应设窗帘以避免阳光直接射入教室内。

3. 教室采光玻地比（窗的透光面积与室内地面面积之比）不得低于1∶5。

（三）室内装修

室内各表面应采用高亮度低彩度的装修，墙壁和顶棚应涂为白色或浅色，提高采光效果。

三、教室照明

根据《学校设计规范》（GB 50099—2011）、《学校教室采光和照明卫生标准》（GB7793—2010）和《国家学校体育卫生条件试行基本标准》（教体艺〔2008〕5号）规定，教室照明应满足如下要求。

（一）基本要求

1. 教室必须配有照明灯。

2. 教室自然采光不足时应开启人工照明。

（二）照度

1. 教室课桌面上的维持平均照度值不应低于300 lx，其照度均匀度不应低于0.7。

2. 教室黑板维持平均照度不应低于500 lx，照度均匀度不应低于0.8。

（三）照明灯配置数量

1. 教室照明应配备40 W荧光灯9盏以上。

2. 教室黑板上应另设2盏40 W荧光灯。

（四）照明灯要求

1. 教室采用小于 26 m 细管径直管型稀土三基色荧光灯，色温为 3 300～5 500 K，光源的显色指数不宜小于 80。

2. 灯源需配有灯罩。

3. 教室照明灯灯管应垂直于黑板，最低悬挂高度不应低于 1.7 m。

4. 黑板上照明灯为横向设置。

5. 照明灯宜采用节能电感镇流器或电子镇流器。

四、教室微小气候

教室内学生密度大、使用时间长，若室内空气质量需达到要求，会对学生健康造成较大影响，根据《学校设计规范》（GB 50099—2011）、《室内空气质量标准》（GB/T18883—2002）规定，教室微小气候应满足如下要求。

（一）通风

1. 教室应设置通风窗，通风窗下沿宜设在距室内楼地面以上 0.10～0.15 m 高度处。

2. 除冬季外，优先采用开启外窗的自然通风方式。

3. 教室二氧化碳浓度应低于 0.15%。

（二）温度

1. 寒冷地区应有采暖或空气调节设备。

2. 冬季使用采暖或空气调节系统时，室内温度不应低于 18℃。

3. 夏季使用空调时，温度应保持在 22～28℃。

4. 当教室不设空调，且在夏季通过开窗通风不能达到基本热舒适度时，应按下列规定设置电风扇：

（1）教室应采用吊式电风扇。

（2）小学教室风扇叶片距地面高度不应低于 2.80 m。

(3)中学教室风扇叶片距地面高度不应低于 3.00 m。

(三)装修后空气检测

新装修完的教室应进行室内空气检测,符合《室内空气质量标准》的方可投入使用。

五、环境噪声

为保证教学活动时的语言清晰度,根据《学校设计规范》(GB 50099—2011)与《民用建筑隔声设计规范》(GB 50118)规定,教室环境噪声应满足如下要求。

(一)室内允许噪声级

主要教学用房的允许噪声级如下表 5-1。

表 5-1　主要教学用房的允许噪声级

教学用房	允许噪声级(dB)
语言教室、阅览室	≤40
普通教室、实验室、计算机房	≤45
音乐教室、琴房	≤45
舞蹈教室	≤50

(二)隔声减噪方法

1. 位于交通干线旁的学校建筑,宜将运动场沿干道布置,作为噪声隔离带。

2. 产生噪声的固定设施与教学楼之间,应设足够距离的噪声隔离带。

3. 当教室有门窗面对运动场时,教室外墙至运动场的距离不应小于 25 m。

4. 其他可能产生噪声和振动的设备应尽量远离教学用房,并采取有效的隔声、隔振措施。

5. 教学楼内的封闭走廊、门厅及楼梯间的顶棚，在条件允许时宜设置吸声材料。

6. 产生噪声的房间（音乐教室、舞蹈教室、琴房、健身房）与普通教室设于统一教学楼内时，应分区布置，并采取有效的隔声和隔振措施。

第二节　宿舍卫生的风险隐患排查与整治

学生宿舍是学生在校期间学习、生活、休息的重要场所，直接关系到学生的身心健康。宿舍的环境卫生和个人卫生问题可能会增加传染性疾病发生的可能性，而宿舍存在的各种安全隐患，如消防安全隐患、财产安全隐患、人身安全隐患等会增加各种安全事故发生的可能。为了维护学校正常的生活秩序，为学生创造一个文明、舒适、安全、整洁的学习和生活环境，需要从宿舍的设计、布局、通风采光、卫生保洁、安全隐患排查和突发事件处理等各方面进行要求和管理。

一、宿舍设计与布局

按照国家《学校设计规范》（GB 50099—2011）规定，宿舍的设计应符合如下要求。

（一）宿舍设计

1. 学生宿舍不得设在地下室或半地下室。

2. 学生宿舍不应与教学用房合建，应便于自行封闭管理，不得与教学用房合用建筑的同一个出入口。

3. 男、女生宿舍应分区或分单元布置，分别设出入口，满足各自封闭管理的要求。

（二）宿舍整体布局

1. 学生宿舍应包括居室、管理室、储藏室、清洁用具室、公共盥洗室和公共卫生间，宜附设浴室、洗衣房和公共活动室。

2. 学生宿舍宜分层设置公共盥洗室、卫生间和浴室。盥洗室门、卫生间门与居室门间的距离不得大于 20 m。当每层寄宿学生较多时可分组设置。

3. 应设置衣物晾晒空间。当采用阳台、外走道或屋顶晾晒衣物时，应采取防坠落措施。

（三）宿舍内设计

1. 学生宿舍的居室，人均使用面积不应低于 3 m^2。

2. 每室居住学生不宜超过 6 人。

3. 保证学生一人一床，当采用单层床时，居室净高不宜低于 3.00 m；当采用双层床时，居室净高不宜低于 3.10 m；当采用高架床时，居室净高不宜低于 3.35 m。

4. 上铺应设有符合安全要求的防护栏。

5. 学生宿舍的居室内应设储藏空间，每人储藏空间宜为 0.30～0.45 m^3，储藏空间的宽度和深度均不宜小于 0.60 m。

二、宿舍通风与采光

1. 宿舍应保证通风良好，寒冷地区宿舍应设有换气窗。

2. 冬季使用采暖或空气调节系统时，室内温度不应低于 18℃，夏季使用空调时，温度应保持在 22～28℃。

3. 当宿舍不设空调，且在夏季通过开窗通风不能达到基本热舒适度时，可设置电风扇，但必须配备防护网。

4. 宿舍设室外厕所时，应设有路灯。

三、宿舍厕所与盥洗室要求

1. 学生宿舍应设有厕所、盥洗设施。

2. 盥洗室水槽人均长度≥0.05 m。

四、环境与个人用品卫生

(一)环境卫生

1. 开展经常性的爱国卫生运动,宿舍楼内无虫媒与老鼠。
2. 天棚、墙壁、门窗、玻璃、灯具、楼梯、走道等整洁、无破损。
3. 地面平整、干净、无废弃物。

(二)个人卫生

1. 被子叠放到位,床铺平整洁净。
2. 桌凳摆放到位,桌面整洁无杂物、水迹,桌斗、箱柜关闭。
3. 物品排列有序,无杂物堆放。

第三节 厕所卫生的风险隐患排查与整治

学校厕所卫生一直是公共卫生领域关注的重要问题之一,也是评价学校卫生的重点指标之一。厕所卫生包括厕所设计与布局、厕所清洁两方面,其中厕所设计与布局包括厕所蹲位设计、厕所冲洗设备、厕所洗手设备、通风条件、厕所地面等。厕所蹲位不足可能会导致课间上厕所时间不充足,甚至出现拥挤踩踏事件;地面湿滑也可能会导致跌倒等意外事故发生等。而冲洗方式与洗手设备落后、通风条件不够、厕所清洁状况差等均可能促进各种传染性疾病流行。为了消除厕所可能存在的卫生与安全隐患,需要从厕所设计与布局、厕所日常管理等方面进行要求。

一、厕所设计与布局

按照国家《学校设计规范》(GB 50099—2011),对学校厕所进行设计与布局。

（一）厕所整体布局

1. 教学用建筑每层均应分设男、女学生卫生间及男、女教师卫生间。

2. 学校食堂宜设工作人员专用卫生间。

3. 当教学用建筑中每层学生少于 3 个班时，男、女生卫生间可隔层设置。

4. 在学校内，当体育场地中心与最近的卫生间的距离超过 90 m时，可设室外厕所。所建室外厕所的服务人数可依学年总人数的 15％计算。室外厕所宜预留扩建的条件。

（二）厕所卫生洁具数量

1. 大便器。男生应至少为每 40 人设 1 个大便器或 1.20 m 长大便槽；女生应至少为每 13 人设 1 个大便器或 1.20 m 长大便槽。

2. 小便槽。男生每 20 人设 1 个小便斗或 0.60 m 长小便槽。

3. 盥洗设备。每 40～45 人设 1 个洗手盆或 0.60 m 长盥洗槽。

（三）厕所内布局

1. 学校的卫生间内，厕位蹲位距后墙不应小于 0.30 m。

2. 小学大便槽的蹲位宽度不应大于 0.18 m。

3. 厕位间宜设隔板，隔板高度不应低于 1.20 m。

4. 厕所需设置通风窗，外窗距室内楼地面 1.70 m 以下部分应设视线遮挡措施。

5. 卫生间应设置洗手区，男女不宜共用洗手区。

（四）厕所装修

1. 以方便、安全、易于清洗及美观得体为原则。

2. 设置给排水系统，建筑物内厕所必须为水冲式。

3. 厕所地面宜采用防滑、不起灰砂和易于清洁的地面，如水磨石面层。

4. 墙壁、天花板选择防水、抗腐蚀和防霉的材料来确保室内卫生。

5. 厕所均应采用瓷砖大便槽(或蹲式陶瓷大便器)和小便槽。

二、厕所卫生日常管理

(一)岗位责任制

落实专人负责,建立监督和考核制度。

(二)清扫制度

1. 厕所应经常打扫,大小便池要随时冲洗,保持洗手池、地面大小便池的清洁干净,做到无积水、无尿碱、无污物、无异味。

2. 及时清理厕所内纸篓垃圾,保持地面、便槽、盥洗池内无垃圾杂物。

3. 定期大扫除,重点清理墙面、门窗灰尘。

(三)消毒除臭

1. 定期对厕所进行消毒。消毒方式:水冲式、旱式。

2. 保持通风良好,必要时使用排风机加强通风。

(四)虫媒防治

1. 冬季以防鼠灭鼠为主,夏秋季以灭蟑蚊蝇为主。

2. 采取堵洞、毒杀、粘捕等方法消灭老鼠。

3. 垃圾袋装化,并及时清理,消灭易招蝇生蛆的滋生物。

4. 消除适宜蚊虫繁殖的滋生地(如各种积水),运用化学、物理、生物等灭蚊方法,消灭幼虫和成文。

5. 及时用毒杀、粘捕和喷洒药物等方法杀灭蟑螂。

第四节　危险化学品的风险隐患排查与整治

学校实验室危险化学品管理工作直接关系到全校师生的身体健康和生命安全,为此,国家教育部发布 2013 年 1 号文《关于进一步加强高等学校实验室危险化学品安全管理工作的通知》，要求各学校严格贯彻《危险化学品管理条例》，坚决防止安全事故的发生。中小学实验室所涉及的危险化学品毒性程度可能与高校有一定差距，但管理不善仍可能对学生安全造成极大损害，为了保障学生身体健康和财产安全，必须加强对学校危险化学品的风险管理。

一、危险化学品定义与常见类型

包括爆炸品、压缩气体和液化气体、易燃液体、易燃固体、自燃物品和遇湿易燃物品、氧化剂和有机过氧化物、有毒品和腐蚀品等。

二、组织管理

1. 学校成立以校长为组长的实验室化学药品安全管理领导小组，校长为第一责任人。

2. 制定危险化学品应急处置预案。

3. 建立危险化学品从请购、领用、使用、回收、销毁全过程的账册记录和管理制度，做到账物、账账相符。完善实验室化学品保管、使用、处置等各环节的规章制度。

4. 建立剧毒药品的“五双”管理制度，即“双人保管、双人领取、双人使用、双把锁、双本账”。

5. 危险化学品保管、使用、处置等环节均由专人负责，做到规范操作、互相监督。

6. 将危险化学品安全管理纳入工作业绩考核，确保实验室安全责任层层落实到位。

三、危险化学品日常安全管理

（一）采购

1. 危险化学品的采购由学校化学教师和实验室工作人员根据考纲和教材要求，提出申购计划。

2. 应严格控制易分解、易变质、剧毒等药品的一次采购量。

3. 申购计划应由相关负责人审核，学校领导批准，报上级教育行政部门备案。

4. 采购部门采购危险化学品时，应要求供方提供产品生产许可证、产品合格证和经营许可证，采购剧毒品必须到公安部门办理和购买凭证。

5. 应向运输危险化学品的承办方提出相应的安全和环境保护要求。

6. 新购进的危险化学品应包装完好，无泄漏现象。

（二）储存与保管

1. 对危险化学品实行专人专库双锁管理，危险化学品与普通药品分开存放。化学药品仓库或贮存专柜应当符合有关安全防火规定，并设置相应的通风排气、干燥、防爆、防震，防压. 防潮、遮光、防火、防盗等设施，消除安全隐患。

2. 存放危险化学品的药品柜应注明类别，药品容器上应贴上标签，标签应写明药品的类别、名称、纯度等级、数量及购入日期，标签应保持字迹清晰，要确保容器的密封性。

3. 应根据危险化学品的产品特性分类存放，相互保持安全距离，不能混放。

4. 实验室管理人员应对危险化学品做经常性检查，如实记录其储存的危险化学品的数量、使用量、流向。

5. 实验室管理人员应忠于职责，认真细致，严格按照危险化学品的储存和使用操作规程，做到“四无一保”，即无被盗、无事故、无丢失、无违章、保安全。如发现危险品丢失或者被盗的，应当立即向上级部门和公安机关报告。

（三）领用

1. 领用人领取危险化学品时，必须填写《危险及剧毒药品领用单》,交相关负责人批准后,才能向管理员按所需数量领取。

2. 学生不可独自领取危险化学品。

3. 领用的危险及剧毒药品在应用后,如有剩余需缴还实验室,并在原领用单上注明缴还药品的数量。

(四)使用

1. 使用危险化学物品的教师及实验人员,必须遵守操作规程,严格落实安全防护措施。

2. 严禁在没有教师监督的情况下学生独立使用危险品。

3. 严禁直接接触剧毒物品。

4. 不准在危险化学物使用场所进食。

5. 危险化学品的使用仅限于教学实验,不得离开实验室使用。

6. 严禁私人借用危险化学品,坚决制止危险化学品流向社会。

(五)回收与销毁

废弃危险化学品应依照固体废物污染环境防治法和国家有关规定执行。实验后的危险及剧毒药品废液或残渣等应集中存放,由专人负责定期安全处理和销毁,在处理过程中尽量减少对环境的污染。无法销毁的危险品应规范保存,及时联系环保部门销毁。

第五节 垃圾的风险隐患排查与整治

校园垃圾处理是校园环境卫生管理的一项重要工作内容,为维护师生良好的学习、生活环境,需从以下方面对垃圾进行管理。

一、垃圾分类

1. 日常垃圾:师生日常教学、生活中产生的垃圾,包括废纸和纸制品、饮料瓶、玻璃瓶、金属、易拉罐等可回收垃圾及塑料袋、食品废弃物等不可回收垃圾。

2. 厨餐垃圾：包括食品加工过程中产生的果皮、菜叶等垃圾及剩菜剩饭等饭后垃圾，此类垃圾可以进行回收再利用，如制成化肥等。

3. 有毒有害垃圾：废旧电池、废日光灯管、油漆颜料、废旧电器等，如果随意丢弃会对环境造成严重影响。

4. 实验室垃圾：教学试验后产生的药品废液或残渣，需专人进行无害化处理。

5. 医务室垃圾：医疗过程中产生的垃圾，需进行无害化处理。

二、垃圾容器设置

1. 在公共场所均设置两种垃圾箱：可回收垃圾箱和不可回收垃圾箱。对日常垃圾进行分类管理，师生按照有关要求放入相应的垃圾箱。

2. 食堂设置专门的垃圾收集桶，垃圾由食堂指定专人集中处理。

3. 每栋楼设置一个有毒有害垃圾收集箱，对废旧电池、日光灯管等进行统一收集和管理。

4. 实验室设置针对不同化学性质废弃物的废液、废物收集容器，经无害化处理后，由专人负责安全处理和销毁。

5. 医务室设置锐器盒，使用黄色袋装医用垃圾袋，由校医对医疗废弃物进行分类处理。

三、垃圾清运

1. 根据学校实际情况设立垃圾管理站、垃圾管理员或保洁员数额。

2. 保洁养护时间实行 24 小时管理制。

3. 垃圾运转与垃圾站开启时间应避开本单位人流高峰时段。

4. 垃圾箱(桶)应加盖封闭，其样式规格与摆放位置应符合学校各场所实际情况。

5. 保持垃圾转运车辆干净整洁，车辆要做到无污渍、无灰尘、无异味。

第六章　学校及托幼机构公共场所的风险隐患排查与整治

公共场所是人类生活环境的组成部分之一，是公众从事各种社会活动的场所。随着生活水平的提高，人们不仅要求环境整洁，而且要求各种环境因素对人体无害和舒适。公共场所的卫生，首先要满足保护健康的最低卫生要求。我国制定公共场所卫生标准和卫生要求，始于1985年北京市人民政府发布的公共场所卫生管理法规。1987年4月1日，国务院发布了《公共场所卫生管理条例》，为全国性的卫生监督工作提供了法律依据、监督原则和办法。这标志着我国在公共场所卫生方面，走上了法制管理的新阶段，即从过去的行政管理变为法制管理，由突击性卫生检查变为专业队伍的经常性卫生监督，由一般感观检查变为卫生指标监测，从定性的检查上升到定量的监测，从单项的监测变为综合指标的评价。

《学校卫生工作条例》《公共场所卫生管理条例》《公共场所卫生管理条例实施细则》等相关法律法规明确要求“改善学校公共场所卫生环境和条件”。加强学校公共场所卫生监管，创建文明、健康、整洁、优美的校园环境，保障广大师生学习、生活环境卫生安全，要求师生从我做起、人人参与、人人动手、人人遵守、持之以恒，自觉养成良好的个人卫生习惯，维护公共场所卫生，树立良好的文明道德风尚。

第一节　学校图书馆的风险隐患排查与整治

1. 建立必要的卫生管理制度，认真执行卫生标准。要把卫生管理内容纳入工作人员的岗位责任制，做到卫生工作经常化、制度化。

2. 采用湿式清扫，及时清除垃圾、废物。清扫工作应在开馆前半小时进行，垃圾废物做到日产日清。

3. 降低噪声，在繁华地区的学校图书馆应装双层窗户，室内天花板、墙壁用吸声好的材料，搞好周围环境绿化。禁止在室内喧哗和使用音响用具。

4. 阅览室内不得进行印刷和复印。为防止书库内的甲醛等污染物流入阅览室，通风时书库内的风压应小于阅览室。学校阅览室内禁止吸烟。

5. 开展学校图书馆卫生安全知识经常性宣传活动，在师生中普及卫生安全知识，增强师生自我防控意识和防护能力。

6. 落实学校图书馆卫生管理制度和重点场所（设施）预防性消毒措施，严禁传染病患者进入图书馆。在传染病流行期间，加大消毒频次，并根据疫情防控需要，缩短图书馆开放时间或闭馆。

第二节　学校公共浴室的风险隐患排查与整治

1. 学校公共浴室应设消毒间，内设供去污、清洗、消毒的专用水池。面巾、浴巾、茶具，可采用蒸气消毒，并坚持“一客一换一消毒”的制度。

2. 女学生浴室不得设大浴池，不设公用毛巾。禁止患有性病和各种传染性皮肤病者就浴。

3. 洗发液、浴液等化妆、洗涤用品，符合国家化妆品卫生标准要求。服务员每年应进行体检，在取得健康证后，方可上岗服务，并应掌握一般卫生知识。厕所为水冲式，设施完好，运转正常，专人清扫保洁，定期消杀，清洁卫生，无积便和尿垢，无蝇、无蛆、无臭。

4.“除四害”工作有制度、有措施，专人负责，有“除四害”药械，定期开展灭杀工作。门、窗达防鼠要求，阴沟、下水道、通风口设有防鼠网。室内无蝇、蟑螂包括卵荚和蟑迹，室内外环境无鼠及鼠洞、鼠粪、鼠咬痕等鼠迹，无蚊、蝇滋生场地。“除四害”工作及四害密度达标，资料完整、齐全、规范。

5. 室内外环境整洁。有专人负责保洁工作，室内无积尘、无蛛网、无痰迹，墙面无剥脱，无卫生死角。空调器滤网和电风扇叶无积尘。垃圾桶密闭，垃圾日产日清，无蝇蛆滋生。痰盂有盖，每日清洗。有醒目的禁烟标志和劝阻吸烟的措施。

6. 开展学校浴室卫生安全知识经常性宣传活动，在师生中普及卫生安全知识，增强师生自我防控意识和防护能力。在传染病易发流行期间，根据疫情防控需要，落实闭馆措施。

第三节　学校体育场(馆)的风险隐患排查与整治

一、卫生设施管理

根据学校体育场(馆)的类型及使用状况、观众容量等，按规范设置厕所，并保持整洁无异味。应设有完整的废弃物收集系统，并且能达到美观与防止四害滋生的要求。在运动员及观众活动区，应分别设更衣室、盥洗室，淋裕室、洗手间，并应符合卫生要求。场(馆)内应设有饮水站，其水质应符合国家生活饮用水的卫生标准。供生水冷饮的原水应经过滤、消毒。如提供水杯、茶具，则应有可靠的消毒措施。容纳人数较多的运动馆内，应设有通风设备，其风量应满足每人每小时 40 m^3 新风的需要。场(馆)内应设有卫生室或急救室，并配备必要的器材，常用的急救药品及医护人员，以便对伤病运动员及观众进行应急处理，场（馆）内应设有紧急疏散人员的安全出入口，并在适当位置设置避雨设施。

二、工作人员的管理

与运动员及观众有直接或间接接触的一切工作人员，应每年进行一次体格检查，取得健康合格证方可上岗。工作人员患传染性疾病时，应及时报告学校主管部门（人），并暂时调离工作工作人员除应掌握本职专业技能外，还应经过必要的卫生知识培训，并取得合格证。体育场（馆）是精神文明的窗口，工作人员应注意讲求个人卫生。

三、建立健全风险管理制度

经常性组织开展体育场（馆）卫生安全风险隐患排查。开展学校体育场（馆）卫生安全知识经常性宣传活动，在师生中普及卫生安全知识，增强师生自我防控意识和防护能力。落实学校体育馆卫生管理制度和消毒措施。在传染病易发流行期间，根据疫情防控需要，落实闭馆措施。建立完善学校体育馆重大活动卫生安全管理机制，在每次活动前制订专项工作方案，严格落实方案，并组织开展活动前风险隐患排查整治、活动中细致管理、活动后总结提高。

第四节　学校游泳场所的风险隐患排查与整治

1. 开场前，须报当地卫生监督部门审查，内容包括工作人员健康检查结果、技术管理及卫生知识培训情况（卫生技术知识掌握状况等）、水质处理设备试运转情况、卫生设施及环境卫生状况、水质状况（必要时取样化验）、救护及急救设施准备情况，各项卫生及管理制度的完善情况等。当地卫生监督部门接到报告后，要审查其是否具备开场条件，对新启用的游泳池（场）要审查其是否符合发放卫生许可证条件。

2. 工作人员及游泳者，须持有健康证或合格证。工作人员应有明确的分工，熟悉职工作范围内的卫生知识及操作技术。酗酒、精神不正常、患有传染病者，不得进入场内游泳或工作。

3. 落实学校游泳场所卫生管理制度和消毒措施，游泳场馆和公共浴室应当符合国家卫生标准和要求，严禁性病和传染性皮肤病患者就浴。在传染病易发流行期间，根据疫情防控需要，落实相关措施。

4. 建立学校游泳场所风险隐患排查工作制度。组织开展经常性游泳场所卫生安全风险隐患排查，发现问题及时整改，明确整改内容、整改时限以及整改责任人，并严格落实整改验收制度。

5. 开展学校游泳场所卫生安全知识经常性宣传活动，在师生中普及卫生安全知识，增强师生自我防控意识和防护能力。

6. 按照国务院发布的《公共场所卫生管理条例》规定，新建、扩建，改建之游泳场所工程，其地址选择、设计、竣工验收，均需经过卫生防疫部门检查，以防止建成后不符合卫生要求。

第五节　学校娱乐场所卫生风险隐患排查与整治

（一）影剧院、音乐厅的风险隐患排查与整治

1. 观众厅座位在 800 个以上的文化娱乐场所，必须采用机械通风。总风量每人每小时不少于 50 m^3。空调进风口必须设在室外。

2. 影剧院，音乐厅应设吸烟室、休息室，场内禁止吸烟。

3. 电影院前厅照度不低于 40 lx，观众厅（空场），音乐茶座、酒吧、咖啡厅不低于 15 lx；剧场前厅不低于 60 lx；休息厅不低于 40 lx；观众厅不低于 20 lx。

4. 文化娱乐场所应设男女厕所。大便池，男 150 人一个，女 50 人一个(男女比例 1∶1 时男女蹲位比例为 1∶3)。小便斗，每 40 人设一个，每 200 人设一个洗手盆。厕所应有单独通风设备，厕所门净宽不小于 1.4 m，应安装双向门。

5. 观众厅吊顶材料不得用玻璃纤维。

6. 影剧院观众厅的长度，使用普通银幕的，应小于幕宽的6 倍：使用宽银幕的，应小于幕宽的 3 倍，使用小银幕的(胶片 70 mm 立体声)，应小于幕宽的 1.5 倍。剧场舞台高度应为 0.8～1.1 m。

7. 座位视角使用普通银幕的，银幕边缘和对侧第一排座位边缘的连线与银幕间的夹角应大于 45°；使用宽银幕的，银幕边缘和后排中心连线与银幕至对侧第一排的夹角不大于 45°。

8. 观众座位，座宽应为 50～60 cm. 座高应为 43～47 cm。排距，短排法应为 80～85 cm，长排法应为 90～95 cm；楼上排距应为 85～90 cm。第一排座位至银幕的距离，普通影院应大于普通银幕的 1.5 倍，宽银幕影院应为幕宽的 0.6 倍。

9. 观众厅应保持清洁，采用湿式清扫，不得将不洁物及有碍公共卫生的物品携带入场(厅)内。当呼吸道传染病流行时，应对室内空气和地面进行消毒。

10. 影剧院、录像厅开始放映时，观众厅的照度应逐渐减弱，变暗时间不少于 30 秒。

11. 影院场次间隔时间不少于 30 分钟，其中空场时间不少于 10 分钟，换场时间应加强通风透气。

12. 立体影剧院供观众使用的眼镜，每场使用后须进行消毒。

(二)舞厅、游艺厅(室)的风险隐患排查与整治

1. 严格控制噪声。公共场所卫生标准规定舞厅、游艺厅(室)动态噪声不得超过 85 dB。目前舞厅、游艺厅(室)噪声污染严重，应积极采取措施降低噪声强度。减少噪声源数量、控制音响播放声量，是减弱噪声声级的有效办法。在门窗，天花板、内墙、地面等安

装性能良好的吸声材料，也能降低噪声强度。此外，严格控制娱乐时间，也是一种可取措施。

2. 保持空气清洁。公共场所卫生标准规定，舞厅、游艺厅（室）每立方米的空气中一氧化碳含量不得超过 10 mg，二氧化碳含量不得超过 0.15%，可吸入颗粒物含量不得超过 0.15 mg，细菌总数不得超过 4 000 个。可采取下列措施：控制污染源，采用集中式取暖；单独设立休息室，场内严禁吸烟，地面要湿式或吸尘式清扫，防止尘埃飞扬，限制客容量，每次入场的人数不得超过设计容纳人数，严格控制超员，加强通风，利用自然通风和机械通风，保持每人每小时有 20 m^3 的新风量，以利于降低各种空气污染物的浓度，重视空气消毒，在传染病发生季节，要定期进行空气消毒，保持室内空气清洁卫生。

3. 微小气候适宜。冬季温度不低于 16℃，夏季保持在 24～28℃，相对湿度为 30%～80%，气流为每秒 0.1～0.5 m。

4. 采光照明良好。舞厅、游艺厅（室）的采光照明，应满足娱乐师生的视觉要求，应控制人工光源的种类及照明方式，保证光线在一定角度范围内向下旋转照射，避免对人的眼睛产生损害。

第七章　学校及托幼机构食品安全的风险隐患排查与整治

学校及托幼机构食品安全是学校及托幼机构安全工作重要组成部分。维护青少年学生的身体健康和生命安全，关系到未成年人的健康成长，关系到社会的和谐稳定。政府相关职权部门有责任有义务密切关注学校及托幼机构的食品安全工作和学生的健康与安全，各学校及托幼机构也有责任有义务通过教育，来提高广大学生的食品安全意识与责任意识，并将这种意识辐射到全社会。“民以食为天”，我们千万不能忘记：食品安全责任重于泰山，生命不保，健康不在，谈何教育！各学校及托幼机构在思想上必须高度重视，统一思想，提高认识，理清思路，狠抓各项措施的落实，并积极主动与有关部门加强协调配合，促进学校及托幼机构食品安全工作再上新台阶。

第一节　学校及托幼机构食堂资质的风险隐患排查与整治

一、向当地食品药品监督管理部门报审

《食品安全法》第 29 条规定，国家对食品生产经营实行许可制度。从事食品生产、食品流通、餐饮服务，应当依法取得食品生产许可、食品流通许可、餐饮服务许可。

需要加以明确的是，职业中等学校、普通中等学校、小学、特殊

教育学校及托幼机构的食堂不得有社会饮食店，不得承包经营。

二、食堂布局要符合要求

布局合理不仅可以提高从业人员的劳动效率，更重要的是还能避免交叉污染，增加食堂的食品安全系数。

教育部、卫生部联合颁布的《学校食堂与学生集体用餐卫生管理规定》规定，食堂应该有相对独立的食品原料存放间、食品加工操作间、食品出售场所及用餐场所。

食堂加工烹调要符合从原料到成品的流水作业线，不发生交叉污染。即从食品原料到仓库到生菜加工间到烹调间到备餐间到餐厅到食具洗涤消毒室，形成主食加工一条线；副食加工一条线和食具洗涤消毒一条线；确保 4 个出入口，即食品原料出入口、工作人员出入口、学生进餐出入口和垃圾污物出口。做到生熟分开，主副食分开，动物性食品与蔬菜分开。

三、食品加工操作间符合规定

食品加工操作间是指除原料库、盥洗间、更衣间、餐厅之外的食品加工场地总和。

1. 食堂操作间最小使用面积不得小于 8 m^3；食堂操作间的面积应根据每餐最大供应量来确定。

2. 操作间的墙壁应有用瓷砖或其他防水防潮可清洗的材料制成的墙裙。加工、消毒、烹饪等消毒间应有 1.5 m 以上的墙裙；处理、存放直接入口食品的操作间墙裙应铺设到顶。

3. 操作间的地面应有防水、防滑、无毒易清洗的材料建造，并具有一定坡度，易于清洗（清洗指利用清水清除原料夹带的杂质和原料、餐用具、设备和设施等表面的污物的操作过程）及排水。

四、其他相关设施的要求

1. 要设餐饮具专用洗、消池，并不得与清洗蔬菜、肉类等设施设备混用。

2. 要设供用餐者洗手、洗餐具的自来水装置。

3. 食堂应当有相应的消毒(消毒指用物理或化学方法破坏、钝化或除去有害微生物的操作过程)、更衣、盥洗、采光、照明、通风、排烟装置及防腐、防尘、防蝇、防鼠、洗涤、污水排放、存放垃圾和废弃物等卫生设施。

4. 由于水源的卫生问题往往容易被忽视，因此而造成的食源性疾病事件屡有发生，所以在这里，特别提醒大家，对于使用自备水源和二次供水的学校及托幼机构食堂的用水也必须达到国家规定的卫生标准。

5. 职业中等学校、普通中等学校、小学、特殊教育学校及托幼机构的食堂不得制售凉菜(凉菜指对经过烹制成熟、腌渍入味或仅经清洗切配等处理后的食品进行简单制作并装盘，一般无须加热即可食用的菜肴，包括冷菜、冷荤、熟食、卤味等)。

第二节　学校及托幼机构食堂管理机构和人员的隐患排查与整治

一、建立健全食品安全管理组织机制

(一)建立校长负责制

教育部、卫生部联合下发的《学校食堂与学生集体用餐卫生管理规定》第 23 条规定，学校应建立主管校长负责制。教育部、卫生部再次联合下发的《学校食物中毒事故行政责任追究暂行规定》进一步明确，校长是学校食品安全第一责任人。湖北省教育厅颁布的

《湖北省学校校园食品用品安全管理办法》第12条规定，学校校长是校园食品、用品卫生安全的第一责任人。其职责：负责本学校食品安全工作；负责牵头制定校园食品安全长效机制，并与校园内食品经营店、学生食堂负责人、班主任分别签订食品安全责任书；对校园食品的生产、经营企业进行监管，定期检查产品质量；组织本校师生开展经常性食品安全教育和食品安全检查，对存在的问题进行整改；对落实不到位而造成学校食品安全事故的，视情节轻重，依规给予责任单位和责任人相应的行政处分。

（二）建立学校及托幼机构食堂食品安全管理组织

国家食品药品监督管理局下发的《餐饮服务食品安全操作规范》第8条规定，学校及托幼机构食堂应设置食品安全管理机构并配备专职食品安全管理人员。

配备的食品安全管理人员应符合以下要求：身体健康并持有有效健康证明；具备2年以上餐饮服务食品安全工作经历；持有有效培训合格证明；食品药品监督管理部门规定的其他条件。

食品安全管理机构和食品安全管理人员职责为：

1. 建立健全食品安全管理制度，明确食品安全责任，落实岗位责任制。食品安全管理制度主要包括从业人员（从业人员指餐饮服务提供者中从事食品采购、保存、加工、供餐服务及食品安全管理等工作的人员）健康管理制度和培训管理制度，加工经营场所（加工经营场所指与食品制作供应直接或间接相关的场所，包括食品处理区、非食品处理区和就餐场所）及设施设备清洁、消毒和维修保养制度，食品、食品添加剂（食品添加剂指为改善食品品质和色、香、味以及为防腐、保鲜和加工工艺的需要而加入食品中的人工合成或者天然物质）、食品相关产品采购索证索票、进货查验和台账记录制度，关键环节操作规程，餐厨废弃物处置管理制度，食品安全突发事件应急处置方案，投诉受理制度及食品药品监管部门规定的其他制度。

2. 制订从业人员食品安全知识培训计划并加以实施，组织学习食品安全法律、法规、规章、规范、标准、加工操作规程和其他食品安全知识，加强诚信守法经营和职业道德教育。

3. 组织从业人员进行健康检查，依法将患有有碍食品安全疾病的人员调整到不影响食品安全的工作岗位。

4. 制订食品安全检查计划，明确检查项目及考核标准，并做好检查记录。

5. 组织制订食品安全事故处置方案，定期检查食品安全防范措施的落实情况，及时消除食品安全事故隐患。

6. 建立食品安全检查及从业人员健康、培训等管理档案。

7. 承担法律、法规、规章、规范、标准规定的其他职责。

二、食品从业人员的风险隐患排查与整治

（一）食品从业人员健康管理要求

1. 从业人员（包括新参加和临时参加工作的人员）在上岗前应取得健康证明。

2. 每年进行一次健康检查，必要时进行临时健康检查。

3. 患有《食品安全法实施条例》第 23 条所列疾病的人员，不得从事接触直接入口食品的工作。

4. 学校及托幼机构食堂应建立每日晨检制度。有发热、腹泻、皮肤伤口或感染、咽部炎症等有碍食品安全病症的人员，应立即离开工作岗位，待查明原因并将有碍食品安全的病症治愈后，方可重新上岗。

（二）食品从业人员个人卫生要求

1. 应保持良好个人卫生，操作时应穿戴清洁的工作衣帽，头发不得外露，不得留长指甲、涂指甲油、佩戴饰物。专间操作人员应戴

口罩。

2. 操作前应洗净手部，操作过程中应保持手部清洁，手部受到污染后应及时洗手。洗手消毒应按《餐饮服务食品安全操作规范》规定的从业人员洗手消毒方法执行。

3. 接触直接入口食品的操作人员，有下列情形之一的，应洗手并消毒：

(1)处理食物前。

(2)使用卫生间后。

(3)接触生食物后。

(4)接触受到污染的工具、设备后。

(5)咳嗽、打喷嚏或擤鼻涕后。

(6)处理动物或废弃物后。

(7)触摸耳朵、鼻子、头发、面部、口腔或身体其他部位后。

(8)从事任何可能会污染双手的活动后。

4. 专间操作人员进入专间(专间指处理或短时间存放直接入口食品的专用操作间，包括裱花间、备餐间、分装间等)时，应更换专用工作衣帽并佩戴口罩，操作前应严格进行双手清洗消毒，操作中应适时消毒。不得穿戴专间工作衣帽从事与专间内操作无关的工作。

5. 不得将私人物品带入食品处理区(食品处理区指食品的粗加工、切配、烹饪和备餐场所、专间、食品库房、餐用具清洗消毒和保洁场所等区域，分为清洁操作区、准清洁操作区、一般操作区)。

6. 不得在食品处理区内吸烟、饮食或从事其他可能污染食品的行为。

7. 进入食品处理区的非操作人员，应符合现场操作人员卫生要求。

（三）食品从业人员工作服管理要求

1. 工作服（包括衣、帽、口罩）宜用白色或浅色布料制作，专间工作服宜从颜色或式样上予以区分。

2. 工作服应定期更换，保持清洁。接触直接入口食品的操作人员的工作服应每天更换。

3. 从业人员上卫生间前应在食品处理区内脱去工作服。

4. 待清洗的工作服应远离食品处理区。

5. 每名从业人员不得少于 2 套工作服。

（四）食品从业人员培训要求

1. 食品从业人员（包括新参加和临时参加工作的人员）应参加食品安全培训，合格后方能上岗。

2. 食品从业人员应按照培训计划和要求参加培训。

第三节　学校及托幼机构食堂场所与设施、设备的风险隐患排查与整治

一、学校及托幼机构食堂建筑结构、布局、场所设置、分隔、面积要求

1. 建筑结构应坚固耐用、易于维修、易于保持清洁，能避免有害动物的侵入和栖息。

2. 食品处理区应设置在室内，按照原料（原料指供加工制作食品所用的一切可食用或者饮用的物质和材料）进入、原料加工、半成品（半成品指食品原料经初步或部分加工后，尚需进一步加工制作的食品或原料）加工、成品（成品指经过加工制成的或待出售的可直接食用的食品）供应的流程合理布局，并应能防止在存放、操作中产

生交叉污染（交叉污染指食品、食品加工者、食品加工环境、工具、容器、设备、设施之间生物或化学的污染物相互转移的过程）。食品加工处理流程应为生进熟出的单一流向。原料通道及入口、成品通道及出口、使用后的餐饮具回收通道及入口，宜分开设置；无法分设时，应在不同的时段分别运送原料、成品、使用后的餐饮具，或者将运送的成品加以无污染覆盖。

3. 食品处理区应设置专用的粗加工场所（粗加工场所指对食品原料进行挑拣、整理、解冻、清洗、剔除不可食用部分等加工处理的操作场所）、烹饪场所（烹饪场所指对经过粗加工、切配的原料或半成品进行煎、炒、炸、焖、煮、烤、烘、蒸及其他热加工处理的操作场所）、餐用具清洗消毒的场所（餐用具清洗消毒场所指对餐饮具和接触直接入口食品的工具、容器进行清洗、消毒的操作场所），并应设置原料和（或）半成品贮存、切配场所（切配场所指把经过粗加工的食品进行清洗、切割、称量、拼配等加工处理成为半成品的操作场所）及备餐的场所（备餐场所指成品的整理、分装、分发、暂时放置的专用场所）。进行裱花蛋糕（裱花蛋糕指以粮、糖、油、蛋为主要原料经焙烤加工而成的糕点胚，在其表面裱以奶油等制成的食品）操作、食品分装操作的，应分别设置相应专间。制作现榨饮料（现榨饮料系指以新鲜水果、蔬菜及谷类、豆类等五谷杂粮为原料，通过压榨等方法现场制作的供消费者直接饮用的非定型包装果蔬汁、五谷杂粮等饮品，不包括采用浓浆、浓缩汁、果蔬粉调配而成的饮料）、水果拼盘及加工生食海产品（生食海产品指不经过加热处理即供食用的生长于海洋的鱼类、贝壳类、头足类等水产品）的，应分别设置相应的专用操作场所。集中备餐的食堂应设有备餐专间。食品冷却、包装应设置食品加工专间或专用设施。

4. 食品处理区应符合下表 7-1 要求。

表 7-1　学校及托幼机构与托幼机构食堂等餐饮服务场所布局要求

业态	加工经营场所面积(m^2)或人数	食品处理区与就餐场所面积之比(推荐)	切配烹饪场所面积	凉菜间面积	食品处理区为独立隔间的场所
食堂	供餐人数为300人以下的学校及托幼机构食堂	1∶2	≥食品处理区面积50%	≥食品处理区面积10%，且≥5 m^2	备餐、其他参照餐馆相应要求设置
	供餐人数为300人以上的学校及托幼机构(含托幼机构)食堂	1∶2	≥食品处理区面积50%	≥食品处理区面积10%	备餐、其他参照餐馆相应要求设置

5. 粗加工场所内应至少分别设置动物性食品和植物性食品的清洗水池，水产品的清洗水池应独立设置，水池数量或容量应与加工食品的数量相适应。应设专用于清洁工具的清洗水池，其位置应不会污染食品及其加工制作过程。各类水池应以明显标识标明其用途。

6. 烹饪场所加工食品如使用固体燃料，炉灶应为隔墙烧火的外扒灰式，避免粉尘污染食品。

7. 清洁工具的存放场所应与食品处理区分开，加工经营场所面积500 m^2 以上的食堂应设置独立存放隔间。

8. 加工经营场所内不得圈养、宰杀活的禽畜类动物。在加工经营场所外设立圈养、宰杀场所的，应距离加工经营场所25 m以上。

二、学校及托幼机构食堂设施要求

(一)地面与排水要求

1. 食品处理区地面应用无毒、无异味、不透水、不易积垢、耐腐蚀和防滑的材料铺设，且平整、无裂缝。

2. 粗加工、切配、烹饪和餐用具清洗消毒等需经常冲洗的场所及易潮湿的场所，其地面应易于清洗、防滑，并应有一定的排水坡度及排水系统。排水沟应有坡度、保持通畅、便于清洗，沟内不应设置其他管路，侧面和底面接合处应有一定弧度，并设有可拆卸的盖板。排水的流向应由高清洁操作区流向低清洁操作区，并有防止污水逆流的设计。排水沟出口应有防止有害动物侵入的设施。

3. 清洁操作区（清洁操作区指为防止食品被环境污染，清洁要求较高的操作场所，包括专间、备餐场所）内不得设置明沟，地漏应能防止废弃物流入及浊气逸出。

4. 废水应排至废水处理系统或经其他适当方式处理。

（二）墙壁与门窗要求

1. 食品处理区墙壁应采用无毒、无异味、不透水、不易积垢、平滑的浅色材料构筑。

2. 粗加工、切配、烹饪和餐用具清洗消毒等需经常冲洗的场所及易潮湿的场所，应有 1.5 m 以上、浅色、不吸水、易清洗和耐用的材料制成的墙裙，各类专间的墙裙应铺设到墙顶。

3. 粗加工、切配、烹饪和餐用具清洗消毒等场所及各类专间的门应采用易清洗、不吸水的坚固材料制作。

4. 食品处理区的门、窗应装配严密，与外界直接相通的门和可开启的窗应设有易于拆洗且不生锈的防蝇纱网或设置空气幕，与外界直接相通的门和各类专间的门应能自动关闭。室内窗台下斜45°或采用无窗台结构。

5. 无备餐专间的学校及托幼机构食堂，就餐场所（就餐场所系指供消费者就餐的场所，但不包括供就餐者专用的卫生间、门厅、大堂休息厅、歌舞台等辅助就餐的场所）窗户应为封闭式或装有防蝇防尘设施，门应设有防蝇防尘设施，宜设空气幕。

（三）屋顶与天花板要求

1. 加工经营场所天花板的设计应易于清扫，能防止害虫隐匿和灰尘积聚，避免长霉或建筑材料脱落等情形发生。

2. 食品处理区天花板应选用无毒、无异味、不吸水、不易积垢、耐腐蚀、耐温、浅色材料涂覆或装修，天花板与横梁或墙壁结合处有一定弧度；水蒸气较多场所的天花板应有适当坡度，在结构上减少凝结水滴落。清洁操作区、准清洁操作区及其他半成品、成品暴露场所屋顶若为不平整的结构或有管道通过，应加设平整易于清洁的吊顶。

3. 烹饪场所天花板离地面宜 2.5 m 以上，小于 2.5 m 的应采用机械排风系统，有效排出蒸汽、油烟、烟雾等。

（四）卫生间要求

1. 卫生间不得设在食品处理区。

2. 卫生间应采用水冲式，地面、墙壁、便槽等应采用不透水、易清洗、不易积垢的材料。

3. 卫生间内的洗手设施应设置在出口附近。

4. 卫生间应设有效排气装置，并有适当照明，与外界相通的门窗应设有易于拆洗不生锈的防蝇纱网。外门应能自动关闭。

5. 卫生间排污管道应与食品处理区的排水管道分设，且应有有效的防臭气水封。

（五）更衣场所要求

1. 更衣场所与加工经营场所应处于同一建筑物内，宜为独立隔间且处于食品处理区入口处。

2. 更衣场所应有足够大小的空间、足够数量的更衣设施和适当的照明设施，在门口处宜设有符合本条第 8 项规定的洗手设施。

（六）库房要求

1. 食品和非食品（不会导致食品污染的食品容器、包装材料、工具等物品除外)库房应分开设置。

2. 食品库房应根据贮存条件的不同分别设置,必要时设冷冻(藏)库(冷冻指将食品或原料置于冰点温度以下,以保持冰冻状态贮存的过程,冷冻温度的范围应在－20～－1℃;冷藏指将食品或原料置于冰点以上较低温度条件下贮存的过程,冷藏温度的范围应在0～10℃)。

3. 同一库房内贮存不同类别食品和物品的应区分存放区域,不同区域应有明显标识。

4. 库房构造应以无毒、坚固的材料建成,且易于维持整洁,并应有防止动物侵入的装置。

5. 库房内应设置足够数量的存放架,其结构及位置应能使贮存的食品和物品距离墙壁、地面均在 10 cm 以上,以利空气流通及物品搬运。

6. 除冷冻(藏)库外的库房应有良好的通风、防潮、防鼠等设施。

7. 冷冻(藏)库应设可正确指示库内温度的温度计,宜设外显式温度(指示)计。

(七)专间设施要求

1. 专间应为独立隔间,专间内应设有专用工具容器清洗消毒设施和空气消毒设施,专间内温度应不高于 25℃,应设有独立的空调设施。专间入口处应设置有洗手、消毒、更衣设施的通过式预进间。

2. 以紫外线灯作为空气消毒设施的,紫外线灯(波长 200～275 nm)应按功率不小于 1.5 W/m^3 设置,紫外线灯应安装反光罩,强度大于 70 $\mu W/cm^2$。专间内紫外线灯应分布均匀,悬挂于距离地面2 m以内高度。

3. 裱花间应设有专用冷藏设施。需要直接接触成品的用水,宜通过符合相关规定的水净化设施或设备。中央厨房专间内需要直接接触成品的用水，应加装水净化设施。

4. 专间应设一个门，如有窗户应为封闭式（传递食品用的除外）。专间内外食品传送窗口应可开闭，大小宜以可通过传送食品的容器为准。

5. 专间的面积应与就餐场所面积和供应就餐人数相适应。

（八）洗手消毒设施要求

1. 食品处理区内应设置足够数量的洗手设施，其位置应设置在方便员工的区域。

2. 洗手消毒设施附近应设有相应的清洗、消毒用品和干手用品或设施。员工专用洗手消毒设施附近应有洗手消毒方法标识。

3. 洗手设施的排水应具有防止逆流、有害动物侵入及臭味产生的装置。

4. 洗手池的材质应为不透水材料，结构应易于清洗。

5. 水龙头宜采用脚踏式、肘动式或感应式等非手触动式开关，并宜提供温水。中央厨房专间的水龙头应为非手触动式开关。

6. 就餐场所应设有足够数量的供就餐者使用的专用洗手设施。

（九）供水设施要求

1. 供水应能保证加工需要，水质应符合《生活饮用水卫生标准》(GB5749)规定。

2. 不与食品接触的非饮用水（如冷却水、污水或废水等）的管道系统和食品加工用水的管道系统，可见部分应以不同颜色明显区分，并应以完全分离的管路输送，不得有逆流或相互交接现象。

（十）通风排烟设施要求

1. 食品处理区应保持良好通风，及时排除潮湿和污浊的空气。空气流向应由高清洁区流向低清洁区，防止食品、餐用具、加工设备设施受到污染。

2. 烹饪场所应采用机械排风。产生油烟的设备上方应加设附有机械排风及油烟过滤的排气装置，过滤器应便于清洗和更换。

3. 产生大量蒸汽的设备上方应加设机械排风排气装置，宜分隔成小间，防止结露并做好凝结水的引泄。

4. 排气口应装有易清洗、耐腐蚀、可防止有害动物侵入的网罩。

（十一）清洗、消毒、保洁设施要求

1. 清洗、消毒、保洁设备设施的大小和数量应能满足需要。

2. 用于清扫、清洗和消毒的设备、用具应放置在专用场所妥善保管。

3. 餐用具清洗消毒水池应专用，与食品原料、清洁用具及接触非直接入口食品的工具、容器清洗水池分开。水池应使用不锈钢或陶瓷等不透水材料制成，不易积垢并易于清洗。采用化学消毒的，至少设有 3 个专用水池。采用人工清洗热力消毒的，至少设有 2 个专用水池。各类水池应以明显标识标明其用途。

4. 采用自动清洗消毒设备的，设备上应有温度显示和清洗消毒剂自动添加装置。

5. 使用的洗涤剂、消毒剂应符合《食品工具、设备用洗涤卫生标准》(GB14930.1)和《食品工具、设备用洗涤消毒剂卫生标准》(GB14930.2)等有关食品安全标准和要求。

6. 洗涤剂、消毒剂应存放在专用的设施内。

7. 应设专供存放消毒后餐用具的保洁设施，标识明显，其结构应密闭并易于清洁。

（十二）防尘、防鼠、防虫害设施及其相关物品管理要求

1. 加工经营场所门窗应设置防尘防鼠防虫害设施。

2. 加工经营场所可设置灭蝇设施。使用灭蝇灯的，应悬挂于距地面 2 m 左右高度，且应与食品加工操作场所保持一定距离。

3. 排水沟出口和排气口应有网眼孔径小于 6 mm 的金属隔栅或网罩，以防鼠类侵入。

4. 应定期进行除虫灭害工作，防止害虫滋生。除虫灭害工作不得在食品加工操作时进行，实施时对各种食品应有保护措施。

5. 加工经营场所内如发现有害动物存在，应追查和杜绝其来源，扑灭时应不污染食品、食品接触面及包装材料等。

6. 杀虫剂、杀鼠剂及其他有毒有害物品存放，应有固定的场所（或橱柜）并上锁，有明显的警示标识，并有专人保管。

7. 使用杀虫剂进行除虫灭害，应由专人按照规定的使用方法进行。宜选择具备资质的有害动物防治机构进行除虫灭害。

8. 各种有毒有害物品的采购及使用应有详细记录，包括使用人、使用目的、使用区域、使用量、使用及购买时间、配制浓度等。使用后应进行复核，并按规定进行存放、保管。

（十三）采光照明设施要求

1. 加工经营场所应有充足的自然采光或人工照明，食品处理区工作面不应低于 220 lx，其他场所不宜低于 110 lx。光源应不改变所观察食品的天然颜色。

2. 安装在暴露食品正上方的照明设施应使用防护罩，以防止破裂时玻璃碎片污染食品。冷冻（藏）库房应使用防爆灯。

（十四）废弃物暂存设施要求

1. 食品处理区内可能产生废弃物或垃圾的场所均应设有废弃物容器。废弃物容器应与加工用容器有明显的区分标识。

2. 废弃物容器应配有盖子，以坚固及不透水的材料制造，能防止污染食品、食品接触面、水源及地面，防止有害动物的侵入，防止不良气味或污水的溢出，内壁应光滑以便于清洗。专间内的废弃物容器盖子应为非手动开启式。

3. 废弃物应及时清除，清除后的容器应及时清洗，必要时进行消毒。

4. 在加工经营场所外适当地点宜设置结构密闭的废弃物临时集中存放设施，并安装油水隔离池、油水分离器等设施。

（十五）设备、工具和容器要求

1. 接触食品的设备、工具、容器、包装材料等应符合食品安全标准或要求。

2. 接触食品的设备、工具和容器应易于清洗消毒、便于检查，避免因润滑油、金属碎屑、污水或其他可能引起污染。

3. 接触食品的设备、工具和容器与食品的接触面应平滑、无凹陷或裂缝，内部角落部位应避免有尖角，以避免食品碎屑、污垢等的聚积。

4. 设备的摆放位置应便于操作、清洁、维护和减少交叉污染。

5. 用于原料、半成品、成品的工具和容器，应分开摆放和使用并有明显的区分标识；原料加工中切配动物性食品、植物性食品、水产品的工具和容器，应分开摆放和使用并有明显的区分标识。

6. 所有食品设备、工具和容器，不宜使用木质材料，必须使用木质材料时应不会对食品产生污染。

7. 设施、设备及工具的清洁方法见表 7-2。

表 7-2　设施、设备及工具清洁方法

项目	频率	使用物品	方法
地　面	每天完工或有需要时	扫帚、拖把、刷子、清洁剂	1. 用扫帚扫地 2. 用拖把以清洁剂拖地 3. 用刷子刷去余下污物 4. 用水彻底冲净 5. 用干拖把拖干地面

续表

项目	频率	使用物品	方法
排水沟	每天完工或有需要时	铲子、刷子、清洁剂及消毒剂	1. 用铲子铲去沟内大部分污物 2. 用水冲洗排水沟 3. 用刷子刷去沟内余下污物 4. 用清洁剂、消毒剂洗净排水沟
墙壁、天花板（包括照明设施）及门窗	每月一次或有需要时	抹布、刷子及清洁剂	1. 用干布除去干的污物 2. 用湿布抹擦或用水冲刷 3. 用清洁剂清洗 4. 用湿布抹净或用水冲净 5. 风干
冷库	每周一次或有需要时	抹布、刷子及清洁剂	1. 清除食物残渣及污物 2. 用湿布抹擦或用水冲刷 3. 用清洁剂清洗 4. 用湿布抹净或用水冲净 5. 用清洁的抹布抹干/风干
工作台及洗涤盆	每次使用后	抹布、清洁剂及消毒剂	1. 清除食物残渣及污物 2. 用湿布抹擦或用水冲刷 3. 用清洁剂清洗 4. 用湿布抹净或用水冲净 5. 用消毒剂消毒 6. 风干
工具及加工设备	每次使用后	抹布、刷子、清洁剂及消毒剂	1. 清除食物残渣及污物 2. 用水冲刷 3. 用清洁剂清洗 4. 用水冲净 5. 用消毒剂消毒 6. 风干

续表

项目	频率	使用物品	方法
排烟设施	表面每周一次内部清洗每年不少于2次	抹布、刷子及清洁剂	1. 用清洁剂清洗 2. 用刷子、抹布去除油污 3. 用湿布抹净或用水冲净 4. 风干
废弃物暂存容器	每天完工或有需要时	刷子、清洁剂及消毒剂	1. 清除食物残渣及污物 2. 用水冲刷 3. 用清洁剂清洗 4. 用水冲净 5. 用消毒剂消毒 6. 风干

三、学校及托幼机构食堂场所及设施设备管理要求

1. 应建立食堂加工经营场所及设施设备清洁、消毒制度，各岗位相关人员应按照规定要求进行清洁，使场所及其内部各项设施设备随时保持清洁。

2. 应建立食堂加工经营场所及设施设备维修保养制度，并按规定进行维护或检修，以使其保持良好的运行状况。

3. 食品处理区不得存放与食品加工无关的物品，各项设施设备也不得用作与食品加工无关的用途。

第四节　学校及托幼机构食堂食品生产经营过程风险隐患排查与整治

一、采购验收要求

1. 采购的食品、食品添加剂、食品相关产品等应符合国家有关

食品安全标准和规定的要求，不得采购《食品安全法》第 28 条规定禁止生产经营的食品和《农产品质量安全法》第 33 条规定不得销售的食用农产品。

2. 采购食品、食品添加剂及食品相关产品的索证索票、进货查验和采购记录行为应符合国家食品药品监督管理局颁发的《餐饮服务食品采购索证索票管理规定》的要求。

3. 运输食品的车辆、容器一定要专用。绝不能使用曾运过有毒有害物品的的车辆、容器来运送食品。如果一车多用，使用前一定要清洗、消毒并注意不要将食品和其他有毒有害物品混装，运输过程中还应做到防尘、防淋、防晒，长时间运输鱼、肉、豆制品等易腐败的食物，要做到冷藏运输。

4. 采购需冷藏或冷冻的食品时，应冷链运输。

5. 原辅料进库前必须严格检验，发现不合格或无检验合格证书又无化验单者，验收人员应拒绝入库。

6. 验收之后进行登记，登记内容包括品名、供货单位、数量、进货日期、感观检查情况、索证情况等。

7. 出库时应做好记录。

二、粗加工与切配要求

1. 加工前应认真检查待加工食品，发现有腐败变质迹象或者其他感官性状异常的，不得加工和使用。

2. 食品原料在使用前应洗净，动物性食品原料、植物性食品原料、水产品原料应分池清洗，禽蛋在使用前应对外壳进行清洗，必要时进行消毒。

3. 易腐烂变质食品应尽量缩短在常温下的存放时间，加工后应及时使用或冷藏。

4. 切配好的半成品应避免受到污染，与原料分开存放，并应根据性质分类存放。

5. 切配好的半成品应按照加工操作规程,在规定时间内使用。

6. 用于盛装食品的容器不得直接放置于地面,以防止食品受到污染。

7. 生熟食品的加工工具及容器应分开使用并有明显标识。

三、烹饪要求

1. 烹饪前应认真检查待加工食品,发现有腐败变质或者其他感官性状异常的,不得进行烹饪加工。

2. 不得将回收后的食品经加工后再次销售。

3. 需要熟制加工的食品应烧熟煮透,其加工时食品中心温度(中心温度指块状或有容器存放的液态食品或食品原料的中心部位的温度)应不低于 70℃。

4. 加工后的成品应与半成品、原料分开存放。

5. 需要冷藏的熟制品,应尽快冷却后再冷藏,冷却应在清洁操作区进行,并标注加工时间等。

6. 用于烹饪的调味料盛放器皿宜每天清洁,使用后随即加盖或苫盖,不得与地面或污垢接触。

7. 菜品用的围边、盘花应保证清洁新鲜、无腐败变质,不得回收后再使用。

四、备餐、分餐要求

(一)备餐及供餐要求

1. 供应前应认真检查待供应食品,发现有腐败变质或者其他感官性状异常的,不得供应。

2. 操作时应避免食品受到污染。

3. 分派菜肴、整理造型的用具使用前应进行消毒。

4. 用于菜肴装饰的原料使用前应洗净消毒,不得反复使用。

5. 在烹饪后至食用前需要较长时间(超过 2 小时)存放的食品

应当在高于60℃或低于10℃的条件下存放。

（二）分餐及配送要求

1. 分餐开始前1小时消毒分餐室。通常消毒的方法是用紫外线灯照射不少于30分钟或用臭氧发生器消毒1小时。

2. 分餐开始前，分餐人员要二次更衣，戴上口罩，分餐用的手套应为一次性用品。分餐用的工具应由保洁柜取出后直接送入分餐间。

3. 分餐过程中，如果成品不小心掉在操作台上或地上，直接分餐人员不要自己清理，以免污染双手，要由其他人及时清理。

4. 分餐时还要注意检查饭盒是否干净，不符合卫生要求的绝不允许装入食品。

5. 分餐期间，工作人员不得离开工作岗位，分餐完毕后，首先要关上窗口然后把工具、容器码放归位，最后彻底打扫卫生，打扫卫生的工具必须专用。

6. 运输车辆应保持清洁，每次运输食品前应进行清洗消毒，在运输装卸过程中也应注意保持清洁，运输后进行清洗，防止食品在运输过程中受到污染。

五、裱花操作要求

1. 蛋糕胚应在专用冰箱中冷藏。

2. 裱浆和经清洗消毒的新鲜水果应当天加工、当天使用。

3. 植脂奶油裱花蛋糕储藏温度在(3±2)℃，蛋白裱花蛋糕、奶油裱花蛋糕、人造奶油裱花蛋糕储藏温度不得超过20℃。

六、饮料现榨及水果拼盘制作要求

1. 从事饮料现榨和水果拼盘制作的人员操作前应清洗、消毒手部，操作时佩戴口罩。

2. 用于饮料现榨及水果拼盘制作的设备、工具、容器应专用。

每餐次使用前应消毒，用后应洗净并在专用保洁设施内存放。

3. 用于饮料现榨和水果拼盘制作的蔬菜、水果应新鲜，未经清洗处理干净的不得使用。

4. 用于制作现榨饮料、食用冰等食品的水，应为通过符合相关规定的净水设备处理后或煮沸冷却后的饮用水。

5. 制作现榨饮料不得掺杂、掺假及使用非食用物质。

6. 制作的现榨饮料和水果拼盘当餐不能用完的，应妥善处理，不得重复利用。

七、面点制作要求

1. 加工前应认真检查待加工食品，发现有腐败变质或者其他感官性状异常的，不得进行加工。

2. 未用完的点心馅料、半成品，应冷藏或冷冻，并在规定存放期限内使用。

3. 奶油类原料应冷藏存放。水分含量较高的含奶、蛋的点心应在高于 60℃或低于 10℃的条件下贮存。

八、烧烤加工要求

1. 加工前应认真检查待加工食品，发现有腐败变质或者其他感官性状异常的，不得进行加工。

2. 原料、半成品应分开放置，成品应有专用存放场所，避免受到污染。

3. 烧烤时应避免食品直接接触火焰。

九、食品再加热要求

1. 保存温度低于 60℃或高于 10℃、存放时间超过 2 小时的熟食品，需再次利用的应充分加热。加热前应确认食品未变质。

2. 冷冻熟食品应彻底解冻后经充分加热方可食用。

3. 加热时食品中心温度应不低于70℃，不符合加热标准的食品不得食用。

十、食品添加剂的使用要求

1. 食品添加剂应专人采购、专人保管、专人领用、专人登记、专柜保存。

2. 食品添加剂的存放应有固定的场所（或橱柜），标识“食品添加剂”字样，盛装容器上应标明食品添加剂名称。

3. 食品添加剂的使用应符合国家有关规定，采用精确的计量工具称量，并有详细记录。

十一、餐用具清洗消毒保洁要求

（一）餐用具清洗消毒保洁要求

1. 餐用具使用后应及时洗净，定位存放，保持清洁。消毒后的餐用具应贮存在专用保洁设施内备用，保洁设施应有明显标识。餐用具保洁设施应定期清洗，保持洁净。

2. 接触直接入口食品的餐用具应彻底洗净并消毒。

3. 餐用具宜用热力方法进行消毒，因材质、大小等原因无法采用的除外。

4. 应定期检查消毒设备、设施是否处于良好状态。采用化学消毒的，应定时测量有效消毒浓度。

5. 消毒后的餐饮具应符合GB14934《食（饮）具消毒卫生标准》规定。

6. 不得重复使用一次性餐用具。

7. 已消毒和未消毒的餐用具应分开存放，保洁设施内不得存放其他物品。

8. 盛放调味料的器皿应定期清洗消毒。

(二)餐用具清洗消毒方法

1. 清洗方法。采用手工方法清洗的应按以下步骤进行:①刮掉沾在餐用具表面上的大部分食物残渣、污垢。②用含洗涤剂溶液洗净餐用具表面。③用清水冲去残留的洗涤剂。洗碗机清洗按设备使用说明进行。

2. 消毒方法。物理消毒:包括蒸汽、煮沸、红外线等热力消毒方法。①煮沸、蒸汽消毒保持 100℃,10 分钟以上。②红外线消毒一般控制温度 120℃以上,保持 10 分钟以上。③洗碗机消毒一般控制水温 85℃,冲洗消毒 40 秒以上。化学消毒:主要为使用各种含氯消毒药物消毒。①使用浓度应含有效氯 250 mg/L 以上,餐用具全部浸泡入液体中 5 分钟以上。②化学消毒后的餐用具应用净水冲去表面残留的消毒剂。

在确保消毒效果的前提下也可以采用其他消毒方法和参数。

3. 保洁方法。

(1)消毒后的餐用具要自然滤干或烘干,不应使用抹布、餐巾擦干,避免受到再次污染。

(2)消毒后的餐用具应及时放入密闭的餐用具保洁设施内。

(三)常用消毒剂及化学消毒注意事项

1. 常用消毒剂。

(1)漂白粉:主要成分为次氯酸钠,还含有氢氧化钙、氧化钙、氯化钙等。配制水溶液时应先加少量水,调成糊状,再边加水边搅拌成乳液,静置沉淀,取澄清液使用。漂白粉可用于环境、操作台、设备、餐用具及手部等的涂擦和浸泡消毒。

(2)次氯酸钙(漂粉精):使用时充分溶解在水中,普通片剂应碾碎后加入水中充分搅拌溶解,泡腾片可直接加入溶解。使用范围同漂白粉。

(3)次氯酸钠:使用时在水中充分混匀。使用范围同漂白粉。

(4)二氯异氰尿酸钠(优氯净):使用时充分溶解在水中,普通片剂应碾碎后加入水中充分搅拌溶解,泡腾片可直接加入溶解。使用范围同漂白粉。

(5)二氧化氯:因配制的水溶液不稳定,应在使用前加活化剂现配现用。使用范围同漂白粉。因氧化作用极强,应避免接触油脂,以防止加速其氧化。

(6)碘附:0.3%～0.5%碘附可用于手部浸泡消毒。

(7)新洁尔灭:0.1%新洁尔灭可用于手部浸泡消毒。

(8)乙醇:75%乙醇可用于手部或操作台、设备、工具等涂擦消毒。90%乙醇点燃可用砧板、工具消毒。

2. 消毒液配制方法举例。以每片含有效氯 0.25 g 的漂粉精片配制 1L 的有效氯浓度为 250 mg/L 的消毒液为例:

(1)在专用消毒容器中事先标好 1L 的刻度线。

(2)容器中加水至刻度线。

(3)将 1 片漂粉精片碾碎后加入水中。

(4)搅拌至药片充分溶解。

3. 化学消毒注意事项。

(1)使用的消毒剂应在保质期限内,并按规定的温度等条件贮存。

(2)严格按规定浓度进行配制,固体消毒剂应充分溶解。

(3)配好的消毒液定时更换,一般每 4 小时更换一次。

(4)使用时定时测量消毒液浓度,浓度低于要求时应立即更换或适量补加消毒液。

(5)保证消毒时间,一般餐用具消毒应作用 5 分钟以上。或者按消毒剂产品使用说明操作。

(6)应使消毒物品完全浸没于消毒液中。

(7)餐用具消毒前应洗净,避免油垢影响消毒效果。

(8)消毒后以洁净水将消毒液冲洗干净,沥干或烘干。

(9)餐用具宜采用热力消毒。

十二、食品留样要求

1. 学校及托幼机构食堂(含托幼机构食堂)每餐次的食品成品应留样。

2. 留样食品应按品种分别盛放于清洗消毒后的密闭专用容器内,并放置在专用冷藏设施中,在冷藏条件下存放48小时以上,每个品种留样量应满足检验需要,不少于100 g,并记录留样食品名称、留样量、留样时间、留样人员、审核人员等。

十三、贮存要求

1. 贮存场所、设备应保持清洁,无霉斑、鼠迹、苍蝇、蟑螂等,不得存放有毒、有害物品及个人生活用品。

2. 食品应当分类、分架存放,距离墙壁、地面均在10 cm以上。食品原料、食品添加剂使用应遵循先进先出的原则,及时清理销毁变质和过期的食品原料及食品添加剂。

3. 冷藏、冷冻柜(库)应有明显区分标识。冷藏、冷冻贮存应做到原料、半成品、成品严格分开放置,植物性食品、动物性食品和水产品分类摆放,不得将食品堆积、挤压存放。冷藏、冷冻的温度应分别符合相应的温度范围要求。冷藏、冷冻柜(库)应定期除霜、清洁和维修,校验温度(指示)计。

十四、就餐场所要求

1. 餐厅店堂应保持整洁,在餐具摆台后或有人就餐时不得清扫地面,餐具摆台超过当次就餐时间尚未使用的应当回收保洁。

2. 当发现或被就餐者告知所提供的食品确有感官性状异常或

可疑变质时，餐厅服务人员应当立即撤换该食品，并同时告知有关备餐人员。备餐人员应该立即检查被撤换的食品和同类食品，做出相应处理，确保供餐的安全卫生。

3. 供就餐者自取的调味料，应当符合相应的食品卫生标准和要求。供餐场所应设置供用餐者洗手、洗餐具的自来水装置。

十五、餐厨废弃物处置要求

1. 应及时将餐厨废弃物分类放置，做到日产日清。

2. 餐厨废弃物应由经相关部门许可或备案的餐厨废弃物收运、处置单位或个人处理。学校及托幼机构食堂应与处置单位或个人签订合同，并索取其经营资质证明文件复印件。

3. 应建立餐厨废弃物处置台账，详细记录餐厨废弃物的种类、数量、去向、用途等情况，定期向监管部门报告。

十六、记录管理要求

1. 人员健康状况、培训情况、原料采购验收、加工操作过程关键项目、食品安全检查情况、食品留样、检验结果及投诉情况、处理结果、发现问题后采取的措施等均应详细记录。

2. 各项记录均应有执行人员和检查人员的签名。

3. 各岗位负责人应督促相关人员按要求进行记录，并每天检查记录的有关内容。食品安全管理人员应定期或不定期检查相关记录，如发现异常情况，应立即督促有关人员采取整改措施。

4. 有关记录至少应保存 2 年。

十七、投诉受理要求

1. 学校及托幼机构食堂应建立投诉受理制度，对教职员工和学生提出的投诉，应立即核实，妥善处理，并且留有记录。

2. 学校及托幼机构食堂接到教职员工和学生投诉食品感官异常或可疑变质时，应及时核实该食品，如有异常，应及时撤换，同时告知备餐人员做出相应处理，并对同类食品进行检查。

第五节　学校及托幼机构副食店的风险隐患排查与整治

一、副食店资质要求

(一)向当地食品药品监督管理部门报审

《食品安全法》第 29 条规定，国家对食品生产经营实行许可制度。从事食品生产、食品流通、餐饮服务，应当依法取得食品生产许可、食品流通许可、餐饮服务许可。

学校及托幼机构开办副食店应严格履行申报和审批手续，取得《卫生许可证》方可营业。申请副食店卫生许可证需要提供以下材料：①《食品经营卫生许可证申请表》；②法定代表人或负责人身份证复印件；③法定代表人或负责人一英寸照片一张；④房产证明或房屋租赁证明(复印件)；⑤经营场所平面布局图；⑥单位卫生管理组织和制度；⑦从业人员健康体检合格证明；⑧卫生许可证上如需取字号，需出示工商行政部门出具的名称预核准通知书。

(二)经营场所要符合相关卫生要求

1. 经营场所应距离污染源 20 m 以上。

2. 有与食品经营品种、数量相适应的经营场所、贮存场所或仓库。

3. 仓库通风良好，木门下缘包有 60 cm 高度的防鼠铁皮，存放物品做到分类分架，隔墙离地(不少于 20 cm)，食品与非食品分开存放，有条件的分库存放。禁止食品与农药、杀虫剂等有毒有害物品及非食品和个人用品等混同存放。

二、副食店食品销售卫生要求

(一)店堂卫生

1. 保持内外环境整洁,地面无垃圾、纸屑,墙面无剥灰,屋顶无蛛网,空调、灯具、货架等用具保持清洁。

2. 店内不得存放个人生活用品,无鼠粪、鼠咬痕迹,无蟑螂。

(二)销售卫生

1. 采购食品及其原料时,应按照有关规定索取检验合格证或化验单。

2. 不得经营无食品生产许可证和无 QS 标志的定型包装食品。

3. 未经审批不得供应勾兑饮料、风味小吃等再加工食品和散装直接入口食品。

4. 不出售无生产日期、保质期限(保质期指预包装食品在标签指明的贮存条件下保持品质的期限)、厂名、厂址和无配料表的散装食品。

5. 保证食品外观清洁,如发现有破损、鼠咬、受潮、霉变、生虫等现象要及时处理。

6. 所售定期包装食品应有标签、包装标识或产品说明书,并注意食品小包装是否有破损。食品小包装有破损的不得销售。

7. 食品与日用品应分类分架、摆放整齐,有防蝇、防尘、防鼠设施,有专用密闭垃圾桶,做到及时加盖、清理。

8. 食品存放时生熟应分开,不同食品分类分架存放。

9. 应仔细检查待售食品是否超过保质期或接近保质期。超过保质期的食品禁止出售,接近食品的保质期时应限期销售。

10. 禁止销售腐败变质、油脂酸败、霉变生虫、污秽不洁、混有异物或者其他感官性状异常或超过保质期限的食品。

11. 销售直接入口食品时必须使用售货工具。售货工具包括持货工具和收钱工具两种方式,严禁手抓食品、手真接收找钱币。

12. 需要分装食品时,要使用清洁干净无毒的包装材料。

(三)个人卫生

1. 从业人员能做到个人卫生良好,销售食品时,必须将手洗净,穿戴清洁的工作衣帽。个人卫生应做到“四勤”,即勤洗手和剪指甲,勤洗澡和理发,勤洗衣服被褥,勤换工作服和毛巾手帕。

2. 从业人员熟知相关的食品卫生知识。

三、学校及托幼机构副食店的管理

1. 学校及托幼机构要加强对校内副食店的管理,严禁私人承包经营,不搞任何形式的引导消费和促销活动,校墙外商店和小卖部不能开前后门,形成进出校园通道。经营活动不得干扰学校及托幼机构正常教学秩序。

2. 建立健全卫生管理制度(岗位责任制、检查考核制度和奖惩制度),按经营规模设立卫生管理组织和专、兼职卫生管理人员,明确职责,并开展经常性检查,做好记录。

第六节　学校及托幼机构食品安全事故的应急处理

一、食品安全事故的概述

(一)食品安全事故的概念

按《食品安全法》第 99 条的规定,食品安全事故是指食物中毒、食源性疾病、食品污染等源于食品,对人体健康有危害或者可能有危害的事故。这是一类经常发生的疾病，会对人体健康和生命造成严重损害。青少年正处于身体生长发育阶段，因此，预防食品安全事故，对保证青少年健康成长至关重要。

（二）食品安全事故的特点

1. 突发性与渐进性。食品安全事故和所有突发事件一样，都是突然发生，来势迅猛，往往出乎人们意料。但食品安全事故也大多在早期具有隐匿性，缺乏先兆，以至于人们在开始阶段难以识别，在经过一个渐进的过程后，会发生量到质的转变。

2. 群发性与散发性。造成人群疾病的食品安全事故可能表现为群发性、点源暴发事件，此类事件往往一发生就涉及较广的范围、带来较大的影响。但随着商业化食品的流通、国际贸易和旅游的增加，也有部分事故是不同地区的人们在不同的时期食用同一种受污染的食品，发病后与其他地区、其他时间发生的病例之间未呈现明显的聚集性；或者因客观条件限制，如受监测系统灵敏度或监测技术水平的制约，难以发现实际同源致病病例之间的关联性，此类事件早期往往难以判断是否为食品安全事故。因此，食品安全事故既可能体现点源暴发的群发性，也可能体现散在分布的散发性，而食品安全事故的散发性，是现代化食品生产时期赋予食品安全事故的又一崭新特色。

3. 严重性。从上述食品安全事故可能造成的影响看来，食品安全事故可能影响公众健康和生命安全，影响政府公信力，影响行业经济发展，影响饮食文化，涉及社会生活的方方面面，因而食品安全事故也具有严重性特征。

4. 紧急性。食品安全事故的来势常常是迅速的、紧急的，表现为对人民群众健康造成损害，需要迅速救治；涉及范围广，潜在危害大；影响严重，需要及时处理。

（三）食品安全事故的分类

根据《食品安全法》，食品安全事故按性质可以分为食品污染、食源性疾病、食物中毒 3 类。

食品污染是指在各种条件下，导致有毒有害物质进入到食物，造成食品安全性、营养性和/或感官性状发生改变的过程。食品从种植、养殖到生产、加工、贮存、运输、销售直至餐桌的整个环节，都有可能受到某些有毒有害物质污染，以致降低食品安全质量或对人体造成不同程度的危害。食品污染造成的人体健康危害，可以表现为急性（如食物中毒）、慢性危害（如致畸、致癌等）或引起其他特殊的毒性作用。

食源性疾病是指食品中致病因素进入人体引起的感染性、中毒性等疾病。包括常见的生物性致病因子或化学性有毒有害物质所引起的疾病。这里包含两层含义：一是导致人体患食源性疾病的病原物质是食物中所含有的各种致病因子；二是人体摄入食物中所含有的致病因子可以引起急性或慢性病理变化。两者相辅相成，互为因果。

食物中毒是指食用了被有毒有害物质污染的食品或者食用了含有毒有害物质的食品后出现的急性、亚急性食源性疾病。中毒的原因可以是食品被病原生物或化学品污染、食用有毒动植物以及把有毒有害的非食品当作食品误食等。其发病的特点是非传染性的急性、亚急性疾病。

实际上，食品污染、食源性疾病、食物中毒 3 类食品安全事故并非截然不同，而是既有共性，又有个性；3 类食品安全事故也并非相互独立，而是可能有所交叉甚至相互包含（表 7-3）。

表 7-3　食品污染、食源性疾病、食物中毒异同点

相同点	不同点
(1)均是食品安全事故的组成部分 (2)均可对人体健康造成或可能造成危害 (3)均是国家食品安全风险监测制度的监测内容	(1)侧重点不同。食品污染侧重的是食品在生产、加工、销售等一系列环节中各种因素造成的对食品的污染。而食源性疾病和食物中毒更侧重于各种致病因素对人体健康的损害 (2)包含的范围不同。食品污染是指多因素多环节上造成的食品的污染,而这些污染中可能造成健康危害,亦可能不造成健康危害。而食源性疾病和食物中毒已造成了人体健康危害 (3)概念的大小不同。所有食物中毒都属于食源性疾病的范畴,但隶属于食源性疾病的不一定属于食物中毒

二、食品安全事故的报告

食品安全事故的报告是有关机关掌握食品安全事故发生、发展、应急处置信息的重要渠道。只有建立起一套完整的食品安全事故报告制度,并且保证其正常运转,才能保证信息的畅通。这是领导部门正确把握事故动态,正确进行决策,有关部门及时采取处理、控制措施的重要前提。食品安全事故的报告制度包括以下内容。

(一)信息举报

任何单位和个人有权向事发地食品药品监督管理部门举报学校及托幼机构食品安全事故和隐患,以及相关责任部门、单位、个人不履行或不按照有关规定履行食品安全监管职责的行为。

(二)信息报告

1. 责任报告单位:为学校及托幼机构提供餐饮的服务单位和发生食品安全事故的学校及托幼机构;县级以上食品药品监督管理

部门;县级以上政府,如各级各类医疗机构、疾病预防控制机构、食品检验机构、卫生监督机构;街道办事处、乡镇政府、居民委员会、村民委员会。

2. 责任报告人:发生食品安全事故学校及托幼机构的负责人;为学校及托幼机构提供餐饮和其他食品的工作人员;各级政府及有关部门的工作人员;各级各类医疗机构的医护人员、疾病预防控制人员、食品检验机构检验人员、卫生监督人员;学生。

(三)报告方式、时限与程序

发生食品安全事故的学校及托幼机构和餐饮单位、食品安全监测机构、医疗卫生机构和发现学校及托幼机构食品安全事故的有关单位,应当在食品安全事故发生后 2 小时内以电话、传真等方式向所在地县级食品药品监督管理部门和教育部门报告。特殊情况下不能及时书面报告的,可先电话报告,再书面报告。接到报告的食品药品监督管理部门应立即组织专家进行现场调查,如确认为食品安全事故,应根据不同的级别,果断采取相应措施,并立即向本级食品安全委员会办公室报告,同时向上级食品药品监督管理部门报告。县级食品安全委员会办公室应当在接到报告后立即向本级政府报告,本级政府立即向上一级政府报告;市人民政府应当在接到报告后立即向省政府报告。

特别重大、重大和较大食品安全事故的首报信息,实行信息直报,食品安全事故发生的县(市、区)政府及食品药品监督管理部门应分别直接向省政府、省食品药品监督管理局报告信息,并向所在辖区市人民政府和市食品药品监督管理部门报告事故信息。对于特别重大、重大、较大食品安全事故,省食品药品监督管理局应立即上报省政府。

(四)报告内容

1. 首报内容:报告的主要内容为事故发生的时间、地点、单位、食物中毒人数、死亡人数、事故发生原因的初步判断、已采取的措施、事故报告单位、报告时间、联系人员及联系方式等，如有可能要报告事故发生的简要经过。

2. 续报内容：既要报告新发生的情况，也要对初次报告的情况进行补充和修正，包括事故的发展与变化、处置进程、事故的诊断和原因或可能因素、势态评估、控制措施、控制情况、请求事项和工作建议等内容。

三、食品安全事故的处置

食品安全事故往往来势凶猛，如不及时采取有效的应急处理措施，将会造成事故蔓延、扩大，甚至引起人员伤害或死亡。食品安全事故发生后，各类学校及托幼机构托幼机构和接收患者治疗的医疗卫生机构应当立即采取应急处置，防止事故扩大。应急处理措施有如下几点：

1. 立即向就近医疗机构和卫生部门发出医疗求援，并拨打"120"医疗急救电话。及时果断将发病人员送到医院抢救。主动向医疗人员报告发病情况，做好秩序维护等工作。立即将患者送就近的医疗机构进行救治。

2. 立即向当地食品药品监督管理部门和教育行政部门报告。

3. 立即停止食用和销售可能导致食品安全事故的食品及其原料，封存导致或者可能导致食品安全事故的食品及其原料、工具及用具、设备设施和现场。

4. 保护好食品安全事故发生的现场和可疑食物：患者吃剩的食物要保留，不得销毁；食品用工具容器、餐具等要保持原样，不得冲洗；患者的排泄物(呕吐物、大便)要保留，不得倒掉；并提供留样食物。

5. 配合食品药品监督管理部门和卫生部门进行食品安全事故调查处理，如实反映食品安全事故情况。将患者所吃的食物，进餐总人数，同时进餐而未发病者所吃的食物，患者中毒的主要特点，可疑食物的来源、质量、存放条件、加工烹调的方法和加热的温度、时间等情况如实向有关部门反映。并无偿提供检验样品，协助收集患者的呕吐物等生物材料。

6. 无条件执行食品药品监督管理部门为控制食物中毒扩散及查明食物中毒原因所采取的措施。

另外，学校及托幼机构发生食品安全事故，应及时与发病学生家长取得联系，如实说明发病情况，做好学生家长思想安抚，防止过激行为发生。设立家校联络处，及时解答家长提出的问题，力所能及地为家长做好服务工作。

四、学校及托幼机构食品安全事故的责任追究

综合《食品安全法》和《学校食物中毒事故行政责任追究暂行规定》的相关规定，可以概括地将学校及托幼机构食品安全事故的责任追究区分为事前追究和事后追究两部分，这里的“事”是指发生的食品安全事故。

（一）事前责任追究内容

1. 未建立食堂卫生校长负责制的，或未设立专职或兼职食品卫生管理人员的。

2. 实行食堂承包经营（托管）经营的学校及托幼机构未建立准入制度或准入制度未落实的。

3. 未建立学校及托幼机构食品卫生安全管理制度或管理制度不落实的。

4. 学校及托幼机构食堂未取得卫生许可证的。

5. 学校及托幼机构食堂从业人员未取得健康证明或存在影响食品卫生病症未调离食品工作岗位的，以及未按规定安排从业人员进行食品卫生知识培训的。

6. 违反《学校食堂与学生集体用餐卫生管理规定》第 12 条规

定采购学生集体用餐的。

7. 对食品药品监督管理部门或教育行政部门提出的整改意见,未按要求的时限进行整改的。

(二)事前责任追究办法

事前追究内容包含了法律法规对学校及托幼机构食堂在管理、采购、贮存、制作、销售等各个环节的基本要求。教育主管部门和食品药品监督管理部门在例行的检查、督查工作中,发现学校及托幼机构存在上述问题,教育主管部门将给予学校及托幼机构限期整改、警告、通报批评、年度考核扣分的处罚,情节严重的给予学校及托幼机构主要领导、主管领导和相关责任人政纪处分。食品药品监督管理部门将给予责令整改、警告、罚款的处罚,拒不改正或者有其他严重情节的,吊销卫生许可证。

(三)事后责任追究的内容

1. 瞒报、迟报食品安全事故,或没有采取有效控制措施、组织抢救工作致使食物中毒事态扩大的。

2. 未配合食品药品监督管理部门、卫生部门进行食品安全事故调查或未保留现场的。

(四)事后责任追究办法

《食品安全法》第 88 条明确规定,违反本法规定,事故单位在发生食品安全事故后未进行处置、报告的,由有关主管部门按照各自职责分工,责令改正,给予警告;毁灭有关证据的,责令停产停业,并处 2 000 元以上 10 万元以下罚款;造成严重后果的,由原发证部门吊销许可证。

《学校食物中毒事故行政责任追究暂行规定》中明确规定:学校发生食物中毒事故需要追究学校行政责任的,应当按以下原则,分别追究学校主要领导、主管领导和直接责任人的行政责任。发生一般学校及托幼机构食物中毒事故,中毒人数少于 29 人的,追究直接管理人的责任。发生一般学校及托幼机构食物中毒事故，中毒人数在 30 人及以上的，追究直接管理责任人的责任，但直接管理责任人在事故发生前已将学校及托幼机构未履行食品卫生职责情况书面报告学校及托幼机构主管领导，而学校及托幼机构主管领导未采取措施的，由学校及托幼机构主管领导承担责任。发生较大学校及托幼机构食物中毒事故，追究直接管理责任人和学校及托幼机构主管领导的责任。发生重大学校及托幼机构食物中毒事故，追究直接管理责任人、学校及托幼机构主管领导和学校及托幼机构主要领导的责任。

第八章　学校及托幼机构健康教育

我国《学校卫生工作条例》第13条规定:“学校应当把健康教育纳入教学计划,普通中小学必须开设健康教育课。学校应开展学生健康咨询活动。”青少年是国家和民族的未来,他们的身心健康水平不仅关系到个人成长、家庭幸福,而且关系到整个国民的健康素质,关系到中华民族未来的竞争力。学校健康教育作为学校教育的一部分,以促进学生身心健康为核心,为每一位学生的终身发展奠定坚实的基础。各级教育行政部门和学校要树立“以人为本、健康第一”的理念,以大健康观为指导,把学校健康教育作为全面推进素质教育的重要组成部分,以增进学生身心健康为导向,以呵护学生健康成长为宗旨,统筹和部署学校健康教育工作,培养全面发展的社会主义事业接班人。

学校健康教育是指学校通过信息传播和行为干预,培养学生的健康意识与公共卫生意识,掌握必要的健康知识和技能,促进学生自觉地采纳和保持有益于健康的行为和生活方式,减少或消除影响健康的危险因素的教育活动和过程。其目的是增强学生健康素质,促进学生健康成长。学校健康教育风险管理的核心,在于对影响学生身心健康的危险因素(风险)实施有效控制和妥善处理已造成的不良后果,从而以最小的投入获得最大的学生健康成长的保障。

第一节　健康教育与健康促进

健康教育是指通过有计划、有组织、有系统的社会教育活动,使人们自觉地采纳有益于健康的行为和生活方式，消除或减轻影响健康的危险因素，预防疾病，促进健康，提高生活质量，并对教育效果作出评价。健康教育的核心是教育人们树立健康意识，促使人们改变不健康的行为生活方式，养成良好的行为生活方式，以降低或消除影响健康的危险因素。“知、信、行”模式是健康教育的理论精髓，指通过健康知识的普及，提高教育对象的认识，促使其转变观念，并自觉地采取有益健康的行为和生活方式。

健康促进是指运用行政或组织的手段，广泛协调社会各相关部门及社区、家庭和个人，使其履行各自对健康的责任，共同维护和促进健康的一种社会行为和社会战略。它是个人与其家庭、社区和国家一起采取措施鼓励健康的行为，增强人们改进和处理自身健康问题的能力。其主要任务是创造支持环境，提高人们的健康意识和健康水平。

健康教育与健康促进既有区别，又关系密切。健康教育是针对个体行为和生活方式的改善，健康促进是针对政策与环境和社区改变（总的行为环境的改变）。健康教育是健康促进的组成要素之一。政策、法规、组织及其他环境的支持都是健康促进的组成部分，但它需要与健康教育相结合，没有健康教育，健康促进将成为徒有虚名的概念。而如果健康教育得不到有效的环境（包括政治、社会、经济、自然环境）支持，健康教育尽管能成功地帮助个体为改变某些行为作出努力，但明显是软弱无力的。

第二节　开展学校健康教育的意义

通过有计划地开展学校健康教育，可培养学生的健康意识与公共卫生意识，使其掌握必要的健康知识和技能，促进学生自觉地采纳和保持有益于健康的行为和生活方式，减少或消除影响健康的危险因素和各种风险隐患，这对学生的健康成长意义重大。同时，学生获得的健康知识和技能会传播到家庭，家庭形成的健康理念会进一步扩散到社区，从而形成“学生—家庭—社区”的健康传播纽带，最终促进整个社会的健康水平。因此，学校健康教育对于保障学生健康成长乃至促进全民健康素养的提高都具有极其重要和深远的意义。

第三节　学校健康教育的内容与形式

一、中小学健康教育的内容

教育部《中小学健康教育指导纲要》中指出，中小学健康教育内容包括 5 个领域：健康行为与生活方式、疾病预防、心理健康、生长发育与青春期保健、安全应急与避险。

根据儿童青少年生长发育的不同阶段，依照小学低年级、小学中年级、小学高年级、初中年级、高中年级五级水平，把 5 个领域的内容合理分配到五级水平中，分别为水平一（小学 1～2 年级）、水平二（小学 3～4 年级）、水平三（小学 5～6 年级）、水平四（初中 7～9 年级）、水平五（高中 10～12 年级）。5 个不同水平互相衔接，完成学校健康教育的总体目标。

（一）水平一（小学 1～2 年级）

1. 目标。知道个人卫生习惯对健康的影响，初步掌握正确的个人卫生知识；了解保护眼睛和牙齿的知识；知道偏食、挑食对健康的影响，养成良好的饮水、饮食习惯；了解自己的身体，学会自我保护；学会加入同伴群体的技能，能够与人友好相处；了解道路交通和玩耍中的安全常识，掌握一些简单的紧急求助方法；了解环境卫生对个人健康的影响，初步树立维护环境卫生意识。

2. 基本内容。

(1)健康行为与生活方式:不随地吐痰,不乱丢果皮纸屑等垃圾;咳嗽、打喷嚏时遮掩口鼻;勤洗澡、勤换衣、勤洗头、勤剪指甲(包含头虱的预防);不共用毛巾和牙刷等洗漱用品(包含沙眼的预防);不随地大小便,饭前便后要洗手;正确的洗手方法;正确的身体坐、立、行姿势,预防脊柱弯曲异常;正确的读写姿势;正确做眼保健操;每天早晚刷牙,饭后漱口;正确的刷牙方法以及选择适宜的牙刷和牙膏;预防龋齿(认识龋齿的成因、注意口腔卫生、定期检查);适量饮水有益健康,每日适宜饮水量,提倡喝白开水;吃好早餐,一日三餐有规律;偏食、挑食对健康的影响;经常喝牛奶、食用豆类及豆制品有益生长发育和健康;经常开窗通气有利健康;文明如厕、自觉维护厕所卫生;知道蚊子、苍蝇、老鼠、蟑螂等会传播疾病。

(2)疾病预防:接种疫苗可以预防一些传染病。

(3)心理健康:日常生活中的礼貌用语,与同学友好相处技能。

(4)生长发育与青春期保健:生命孕育、成长基本知识,知道“我从哪里来”。

(5)安全应急与避险:常见的交通安全标志;行人应遵守的基本交通规则;乘车安全知识;不玩危险游戏,注意游戏安全;燃放鞭炮要注意安全;不玩火,使用电源要注意安全;使用文具、玩具要注意卫生安全;远离野生动物,不与宠物打闹;家养犬要注射疫苗;发生紧急情况,会拨打求助电话(医疗求助电话:120;火警电话:119;匪警电话:110)。

(二)水平二(小学3～4年级)

1. 目标。进一步了解保护眼睛、预防近视眼知识,学会合理用眼;了解食品卫生基本知识,初步树立食品卫生意识;了解体育锻炼对健康的作用,初步学会合理安排课外作息时间;初步了解烟草对健康的危害;了解肠道寄生虫病、常见呼吸道传染病和营养不良等疾病的基本知识及预防方法；了解容易导致意外伤害的危险因素，熟悉常见的意外伤害的预防与简单处理方法；了解日常生活中的安全常识，掌握简单的避险与逃生技能；初步了解生命的意义和价值，树立保护生命的意识。

2. 基本内容。

（1）健康行为与生活方式：读书写字、看电视、用电脑的卫生要求；预防近视（认识近视的成因、学会合理用眼、注意用眼卫生、定期检查）；预防眼外伤；不吃不洁、腐败变质、超过保质期的食品；生吃蔬菜水果要洗净；人体所需的主要营养素；体育锻炼有利于促进生长发育和预防疾病；睡眠卫生要求；生活垃圾应该分类放置；烟草中含有多种有害于健康的物质，避免被动吸烟。

（2）疾病预防：蛔虫、蛲虫等肠道寄生虫病对健康的危害与预防；营养不良、肥胖对健康的危害与预防；认识传染病（重点为传播链）；常见呼吸道传染病（流感、水痘、腮腺炎、麻疹、流脑等）的预防；冻疮的预防（可根据地方实际选择）；学生应接种的疫苗。

（3）生长发育与青春期保健：人的生命周期包括诞生、发育、成熟、衰老、死亡；初步了解儿童和青少年身体和主要器官的功能，学会保护自己。

（4）安全应急与避险：游泳和滑冰的安全知识；不乱服药物，不乱用化妆品；火灾发生时的逃生与求助；地震发生时的逃生与求助；动物咬伤或抓伤后应立即冲洗伤口，及时就医，及时注射狂犬疫苗；鼻出血的简单处理；简便止血方法（指压法、加压包扎法）。

（三）水平三（小学 5～6 年级）

1. 目标。了解健康的含义与健康的生活方式，初步形成健康意识；了解营养对促进儿童少年生长发育的意义，树立正确的营养观；了解食品卫生知识，养成良好的饮食卫生习惯；了解烟草对健康的危害，树立吸烟有害健康的意识；了解毒品危害的简单知识，远离毒品危害；掌握常见肠道传染病、虫媒传染病基本知识和预防方法，树立卫生防病意识；了解常见地方病如碘缺乏病、血吸虫病对健康的危害，掌握预防方法；了解青春期生理发育基本知识，初步掌握相关的卫生保健知识；了解日常生活中的安全常识，学会体育锻炼中的自我监护，提高自我保护的能力。

2. 基本内容。

(1)健康行为与生活方式：健康不仅仅是没有疾病或不虚弱，而是身体、心理、社会适应的完好状态；健康的生活方式(主要包括合理膳食、适量运动、戒烟限酒、心理平衡)有利于健康；膳食应以谷类为主，多吃蔬菜水果和薯类，注意荤素搭配；日常生活饮食应适度，不暴饮暴食，不盲目节食，适当零食；购买包装食品应注意查看生产日期、保质期、包装有无涨包或破损，不购买无证摊贩食品；容易引起食物中毒的常见食品(发芽土豆、不熟扁豆和豆浆、毒蘑菇、新鲜黄花菜、河豚等)；不采摘、不食用野果、野菜；体育锻炼时自我监护的主要内容(主观感觉和客观检查的指标)；发现视力异常，应到正规医院眼科进行视力检查、验光，注意配戴眼镜的卫生要求；吸烟和被动吸烟会导致癌症、心血管疾病、呼吸系统疾病等多种疾病；不吸烟、不饮酒；常见毒品的名称；毒品对个人和家庭的危害，自我保护的常识和简单方法，能够远离毒品。

(2)疾病预防：贫血对健康的危害与预防；常见肠道传染病(细菌性痢疾、伤寒与副伤寒、甲型肝炎等)的预防；疟疾的预防；流行性出血性结膜炎(红眼病)的预防；碘缺乏病对人体健康的危害；食用碘盐可以预防碘缺乏病；血吸虫病的预防(可根据地方实际选择)。

(3)心理健康：保持自信，自己的事情自己做。

(4)生长发育与青春期保健：青春期的生长发育特点；男女少年在青春发育期的差异(男性、女性第二性征的具体表现)；女生月经初潮及意义(月经形成以及周期计算)；男生首次遗精及意义；变声期的保健知识;青春期的个人卫生知识;体温、脉搏测量方法及其测量的意义。

(5)安全应急与避险:骑自行车安全常识;常见的危险标识(如高压、易燃、易爆、剧毒、放射性、生物安全),远离危险物;煤气中毒的发生原因和预防;触电、雷击的预防;中暑的预防和处理;轻微烫烧伤和割、刺、擦、挫伤等的自我处理;提高网络安全防范意识。

(四)水平四(初中阶段)

1. 目标。了解生活方式与健康的关系,建立文明、健康的生活方式;进一步了解平衡膳食、合理营养意义,养成科学、营养的饮食习惯;了解充足睡眠对儿童少年生长发育的重要意义;了解预防食物中毒的基本知识;进一步了解常见传染病预防知识,增强卫生防病能力;了解艾滋病基本知识和预防方法,熟悉毒品预防基本知识,增强抵御毒品和艾滋病的能力;了解青春期心理变化特点,学会保持愉快情绪和增进心理健康;进一步了解青春期发育的基本知识,掌握青春期卫生保健知识和青春期常见生理问题的预防和处理方法;了解什么是性侵害,掌握预防方法和技能;掌握简单的用药安全常识;学会自救互救的基本技能,提高应对突发事件的能力;了解网络使用的利弊,合理利用网络。

2. 基本内容。

(1)健康行为与生活方式:不良生活方式有害健康,慢性非传染性疾病(恶性肿瘤、冠心病、糖尿病、脑卒中)的发生与不健康的生活方式有关;膳食平衡有利于促进健康;青春期充足的营养素,保证生长发育的需要。保证充足的睡眠有利于生长发育和健康(小学生每天睡眠时间 10 个小时,初中生每天睡眠时间 9 个小时,高中生每天睡眠时间 8 个小时);食物中毒的常见原因(细菌性、化学性、有毒动植物等);发现病死禽畜要报告,不吃病死禽畜肉;适宜保存食品,腐败变质食品会引起食物中毒;拒绝吸烟、饮酒的技巧;毒品对个人、家庭和社会的危害；拒绝毒品的方法；吸毒违法，拒绝毒品。

(2)疾病预防：乙型脑炎的预防；疥疮的预防；肺结核病的预防；肝炎的预防(包括甲、乙、丙型肝炎等)；不歧视乙肝患者及感染者；艾滋病的基本知识；艾滋病的危害；艾滋病的预防方法；判断安全行为与不安全行为，拒绝不安全行为的技巧；学会如何寻求帮助的途径和方法；与预防艾滋病相关的青春期生理和心理知识；吸毒与艾滋病；不歧视艾滋病病毒感染者与患者。

(3)心理健康：不良情绪对健康的影响；调控情绪的基本方法；建立自我认同，客观认识和对待自己；根据自己的学习能力和状况确定合理的学习目标；异性交往的原则。

(4)生长发育与青春期保健：热爱生活，珍爱生命；青春期心理发育的特点和变化规律，正确对待青春期心理变化；痤疮发生的原因、预防方法；月经期间的卫生保健常识，痛经的症状及处理；选择和佩戴适宜的胸罩的知识。

(5)安全应急与避险：有病应及时就医；服药要遵从医嘱，不乱服药物；不擅自服用、不滥用镇静催眠等成瘾性药物；不擅自服用止痛药物；保健品不能代替药品；毒物中毒的应急处理；溺水的应急处理；骨折简易应急处理知识(固定、搬运)；识别容易发生性侵害的危险因素，保护自己不受性侵害；预防网络成瘾。

(五)水平五(高中阶段)

1. 目标。了解中国居民膳食指南，了解常见食物的选购知识，进一步了解预防艾滋病基本知识，正确对待艾滋病病毒感染者和患者；学会正确处理人际关系，培养有效的交流能力，掌握缓解压力等基本的心理调适技能；进一步了解青春期保健知识，认识婚前性行为对身心健康的危害，树立健康文明的性观念和性道德。

2. 基本内容。

(1)健康行为与生活方式：食品选购基本知识；中国居民膳食指

南的内容。

(2)疾病预防:艾滋病的预防知识和方法;艾滋病的流行趋势及对社会经济带来的危害;艾滋病病毒感染者与艾滋病患者的区别;艾滋病的窗口期和潜伏期;无偿献血知识;不歧视艾滋病病毒感染者与患者。

(3)心理健康:合理宣泄与倾诉的适宜途径,客观看待事物;人际交往中的原则和方法,做到主动、诚恳、公平、谦虚、宽厚地与人交往;缓解压力的基本方法;认识竞争的积极意义;正确应对失败和挫折;考试等特殊时期常见的心理问题与应对。

(4)生长发育与青春期保健:热爱生活,珍爱生命;青春期常见的发育异常,发现不正常要及时就医;婚前性行为严重影响青少年身心健康;避免婚前性行为。

(5)安全应急与避险:网络交友的危险性。

二、托幼机构健康教育的内容

托幼机构健康教育的主要任务是,通过教育使幼儿懂得一定的生活和卫生常识,培养爱清洁、讲卫生的思想观念,培养良好的卫生习惯,懂得一些卫生公德,提高其独立生活能力,促进其身心健康成长,为入小学打好基础,为以后的健康打好基础。

托幼机构健康教育主要包括以下内容:

(一)卫生习惯教育

从培养生活自理能力出发,培养良好个人卫生习惯。内容包括洗脸、刷牙、漱口、勤洗澡换衣、饭前便后洗手、不乱扔果皮垃圾、不随地吐痰、不随地大小便等。

(二)饮食习惯教育

培养良好的、系统的饮食卫生习惯。内容包括定时定量进餐、饮食不过量、饭菜多样化、不多吃零食、不偏食、不挑食、吃饭细嚼慢咽、不喝生水等。

(三)生活习惯教育

培养有规律的生活习惯。包括按时作息、早睡早起、定时进餐、户外活动、课间活动性休息等。

(四)意外伤害教育

预防意外伤害。包括车祸、触电、溺水、接触农药、跌坠伤、烟花爆竹伤等。

(五)美育与德育

与道德品质教育相结合,进行心理健康教育和行为指导。包括怎样分辨是非、善恶、美丑;集体主义;团结友爱,助人为乐;尊师守纪。开展美学教育,培养幼儿健康的审美情趣,做到形体美、行为美、语言美。

三、学校健康教育的实施形式

学校健康教育是学校教育的重要组成部分。它的实施形式主要有 3 个方面:

(一)健康课程教学

健康课程教学主要指把健康教育纳入学校正规课程的设科教学,也可以包括在其他课程中融入健康教育内容的联络教学。

(二)健康活动

健康活动的目的在于促使学生通过亲身体验而加深印象,促进学习效果。因此,健康活动应与课堂教学相互配合,使知识与实际行为结合起来。

(三)健康咨询与健康行为指导

健康咨询是学生(或家长)与咨询人员(如教师、医生、护士及有关人员)面对面的接触,集中讨论某一健康问题或决定某一健康活动的方针。

健康行为指导是通过教育指导,让儿童少年认识到什么是健康行为和不健康行为。对于不健康行为应按专门设计的程序模式,提供学习经验、逐步加以纠正,建立有利于健康的行为和生活习惯。

第四节　学校健康教育的方法

一、学校健康教育的基本方法

(一)语言教育法

是最常用和最基本的方法,又称口头教育方法,即通过语言的交流与沟通、讲解及宣传,增加学生对健康知识的理性认识。

1. 讲授法:是个人系统发言的形式,要突出重点,注意知识性、科学性、实用性和趣味性。

2. 健康座谈:是在专业教师指导下,集中学生进行座谈或小组讨论,肯定正确的知识,纠正错误的认识。

3. 健康咨询:由专业教师对学生有关卫生保健方面的问题进行咨询解释,针对性强,效果较好。

(二)文字教育法

作用广泛,便于流传,常用形式有学报、杂志、科普书籍、黑板报、图片文字展、标语、传单、手册等。

(三)实践教育法

通过指导学生的实践操作,达到掌握一定的健康技能,并用于自我、家庭或社区的一种教育方法。如正确的写字姿势、如何做眼保健操、正确刷牙的方法、身高与体重的测量方法、体育锻炼实践等。

（四）形象教育法

以实物、标本、图画、模型、照片等形式传递健康信息。其特点是生动、形象、直观，与文字材料配合可增强理解和记忆。

（五）电化教育法

以广播、电视、电影、网络、录像、幻灯等电化器材为工具开展健康教育活动。其特点是克服时空限制，表现超微结构。

（六）综合教育法

将口头、文字、形象、电化、实践等多种健康教育方法适当配合、综合运用的一种健康教育方法。其特点是宣传的广泛性、形式的多样性。

二、健康教育中常用的传播方式

1. 对个人传播：如个别谈话、谈心、咨询。

2. 对集体传播：如集会演说、讲座、座谈会、报告会、上卫生课、大组或小组讨论等。

3. 对大众传播：如报纸、杂志、书籍、广播、电视、电影、戏剧、演唱、墙报、幻灯、传单、标语、黑板报、宣传栏、各种美术、摄影图片及模型、标本、展览等。

三、学校健康教育课外活动类型简介

1. 健康知识讲座：听。

2. 健康主题班会、队会：说、讨论。

3. 健康游戏：角色扮演、趣味性。

4. 健康主题演讲：激情、自我展示。

5. 健康故事会：讲、生动性。

6. 健康知识竞赛：好胜心、荣誉感。

7. 黑板报、手抄报、健康展板、图片展：制作、观赏。
8. 校园广播、校园网络：广覆盖。
9. 健康咨询室、咨询活动：贴心、私密。
10. 健康歌谣、健康舞蹈、健康操：创新、娱乐。

四、学校健康教育活动设计。

1. 确定主题。
2. 确定活动目的。
3. 确定活动类型。
4. 确定活动内容。
5. 确定参加人员。
6. 确定各类人员分工。
7. 确定活动器材及经费预算。
8. 确定效果评价指标。

五、学校健康教育的保障

（一）加强组织管理

建立市、县（区）、学校三级健康教育的管理网络。组建健康教育领导小组和专家委员会，注重发挥地方卫生局、科委、卫健委科协等相关部门和专业学术团体的力量。县（区）教育行政部门要从实际出发，制定健康教育的实施计划，整合教师进修学院、德育室、教研室、科研室等部门的力量，进行健康教育的研究和实践；学校要建立校长（或分管校长）负责制，成立学生健康发展中心，设立健康教育教研组。把健康教育作为课程改革的重要内容，确保课时，统筹课程的实施和教育工作的安排，保证质量，完善教育管理和评价。

（二）保障师资队伍

中小学健康教育师资以现有健康教育专、兼职教师和相关、学科教师为主。要重视健康教育教学研究工作，市、县（区）两级应建立健康教育教研员队伍，各级教研部门要把健康教育教学研究纳入教研工作计划，针对不同学段学生特点，定期开展以知识传播与技能培养相结合的教学研究工作。教育行政部门和学校要重视健康教育师资建设，把健康教育师资培训列入在职教师继续教育的培训系列和教师校本培训计划，分层次开展培训工作。依托相关高校、各县（区）教师进修学院以及中小学骨干教师德育美训基地等机构，对健康教育教师进行培训，不断提高教师的专业化水平。

（三）建立宣传机制

学校要通过学科教学和班会、团会、校会、升旗仪式、专题讲座、墙报、板报等多种宣传教育形式开展健康教育。学科教学每学期应安排 6～7 课时，主要载体课程为《体育与健康》，健康教育教学课时安排可有一定灵活性，如遇在下雨（雪）或高温（严寒）等不适宜户外体育教学的天气时可安排健康教育课。另外，小学阶段还应与《品德与生活》《品德与社会》等学科的教学内容结合，中学阶段应与《生物》等学科教学有机结合。对无法在《体育与健康》等相关课程中渗透的健康教育内容，可以利用综合实践活动和地方课程的时间，采用多种形式，向学生传授健康知识和技能。

（四）创造支持环境

各地应加强教学资源建设，积极开发健康教育的教学课件、教学图文资料、音像制品等教学资源，增强健康教育实施效果。凡进入学校的自助读本或相关教育材料必须按有关规定，经审定后方可使用；健康教育自助读本或者相关教育材料的购买由各地根据本地实际情况采取多种方式解决，不得向学生收费增加学生负担。大力提倡学校使用公用图书经费统一购买，供学生循环使用。要加强学校卫生室(保健室)建设,按要求配备专职卫生技术人员和专职或兼职保健教师。要落实好学校改水改厕工作,按要求建设数量足够的流水洗手设施和水冲式厕所,并为学生提供安全饮用水。要充分利用现有资源,注意健康教育与其他相关教育,如安全教育、心理健康教育有机结合,把课堂内教学与课堂外教学活动结合起来,发挥整体教育效应。应将健康教育教学、健康环境创设、健康服务提供有机结合,组织家庭和更广泛的社区参与,为学生践行健康行为提供支持,以实现促进学生健康发展的目标。

(五)落实学生体检

按照《中小学生健康体检管理办法》的要求,学校应对入学新生建立健康档案,并每年组织学生到具备健康体检资质的健康体检机构进行1次常规健康体检,体检内容包括病史询问、内科常规检查、眼科检查、口腔科检查、外科检查、形体指标检查、生理功能指标检查、实验室检查(结核菌素试验、肝功能)等。学生健康体检机构在体检结束后,应分别向学生(家长)、学校和当地教育行政部门反馈学生个体健康体检结果与学生群体健康评价结果。学校应根据学生群体健康评价结果,针对性地抓好学校健康教育工作。

(六)强化体育健身

《中共中央国务院关于加强青少年体育增强青少年体质的意见》中指出:增强青少年体质、促进青少年健康成长,是关系国家和民族未来的大事。各级党委和政府要高度重视青少年体育工作,教育部门要认真落实健康第一的指导思想,把增强学生体质作为学校教育的基本目标之一,培养青少年良好的体育锻炼习惯和健康的生活方式。要全面实施《国家学生体质健康标准》,把健康素质作为评价学生全面健康发展的重要指标。要广泛开展"全国亿万学生阳光体育运动",切实减轻学生过重的课业负担。要确保学生每天锻炼一小时,举办多层次多形式的学生体育运动会,积极开展竞技性和群众性体育活动。要确保青少年休息睡眠时间,帮助青少年掌握科学用眼知识和方法，降低青少年近视率，加强对卫生、保健、营养等方面的指导和保障。

（七）开展评价督导

要重视对健康教育的评价和督导。各地教育行政部门和学校应将健康教育实施过程与健康教育实施效果作为评价重点。评价的主要内容包括学生健康意识的建立、基本知识和技能的掌握和卫生习惯、健康行为的形成，以及学校对健康教育课程（活动）的安排、必要的资源配置、实施情况以及实际效果。各地教育行政部门应将学校实施健康教育情况列入学校督导考核的重要指标之一。

（八）保障经费投入

各地要加大对学校健康教育的经费投入，满足健康教育相关设施、设备的配置、教师培训等需求，保障学校健康教育教学、教研活动正常开展，推动学校健康教育有效进行。

六、应急状态下学校健康教育

应急状态是指学校发生或可能发生突发公共卫生事件时的紧急情况应对状态。应急状态下学校健康教育要重点把握及时、主动、准确、全面、高效的原则，教育的目的在于将突发公共卫生事件造成或可能造成的损害或风险降到最低。其主要方法如下。

（一）积极沟通

1. 与上级主管部门沟通：应急状态时，学校应积极主动地将应急信息向上级主管部门包括市教育局（及其体卫艺科和/或中心）、市卫生局等进行及时报告，以便获得及时的政策和行政支持，更好地实施应急措施。在应急的过程中，学校也要保持与上述部门的随时沟通，以便及时有效处理各种可能出现的突发情况。

2. 与疾控机构沟通：疾控机构是处理突发公共卫生事件的专业机构，也是事件预防控制技术的指导机构。学校应与本地基层疾控机构保持有效联系，建立日常信息沟通和部门协作机制。应急状态时，学校应及时与本地基层疾控机构沟通，以便获得有效的技术支持，并在疾控机构的指导下，有效组织和实施各项应急处理措施，以保障应急对策的科学性和完整性。

3. 与家长沟通：学校是人群聚集的场所，也是传染病等突发公共卫生事件的易发场所，隔离患病学生及其密切接触学生、甚至全班或全校停课是防止传染病暴发流行的有效措施。学生一旦被隔离或停课，势必会对学生的学业及其家庭成员的生活秩序带来不利影响。诸如此类的应急状态都与学生家长密切相关，因此，家长的沟通显得尤为重要。要通过发告知信、开家长会、学校广播等途径及时取得家长的理解和支持。做好家长的沟通工作，有利于更加有效地实施应急措施，保障应急效果。

4. 与媒体沟通：学校是媒体高度关注的对象，一旦发生应急信息，媒体会多方收集素材，紧紧抓住公众眼球迅速报道。为避免误导公众，学校要及时依法、客观、正面引导媒体，积极报道科学的应急知识、常规的防治方法及政府部门和学校的重视程度与已采取的措施等，要让媒体成为学校综合应急措施中重要的帮手，使其在群防群控对策上发挥应有的作用。

（二）强化宣传

应急状态下学校健康教育包括对学生、对家长和对社会的教育，主要目的是获得理解、共同应对。健康教育平时不一定被公众所重视，但应急状态时，公众关注度极高。因此，一旦发生应急状态，学校要在积极做好上述沟通工作的基础上，强化开展相关应急知识的宣传工作。包括学校标语、横幅、墙报、宣传栏、电子屏，学校广播播放、课堂讲解、分发宣传单、召开家长会及通过社会媒体宣传等。要在宣传的广度、深度和频度上下功夫，同时避免过度宣传。

（三）迅速行动

“知、信、行”作为健康教育的理论精髓，其落脚点在于“行”，即行动。要将正确的健康知识变为实际的行动，是健康教育的最终目的。应急状态时，学校作为应急健康教育的倡导者和传播者，在“行”上要率先垂范，迅速行动。如规范开展晨检(午检)、有效隔离患病学生、对密切接触学生进行居家医学观察、按要求落实停课措施、配合疾控机构实施疫苗接种、校园开展全面消毒及其他防控措施等。学校的行动是应急状态下健康教育的重要手段，能在第一时间让学生、家长和社会公众认识到应急措施的重要性和必要性，能有效提高公众共同参与应对的主动性。学校的行动最终变为公众共同的行动，达到应急健康教育的最终目标，这样才能将突发公共卫生事件造成或可能造成的损害或风险降到最低。